Leo Perutz

Die Geburt des Antichrist

Zehnte Auflage.

Rikola-Verlag
Wien   Berlin   Leipzig   München
1 9 2 1

Einband, Buchschmuck und Textzeichnungen
von Axel Leskoschek, Wien

COMTE CAGLIOSTRO

m das Jahr 1742 etwa wohnte
in Palermo unweit des Hafen-
viertels ein Flickschuster, der
nicht in dieser Stadt geboren
sondern zugewandert war und
seine Nachbarn nannten ihn
den „Genuesen", seiner fremdartigen Aussprache
und auch seines starken Appetits halber, denn,
wie man sagt, ißt ein Genuese für drei Sizilianer.

In dieser großen Stadt, die, wenn sie nicht
von dem faulsten und unnützesten Volk der
Welt bewohnt wäre, wahrhaftig ein Paradies
genannt werden könnte — in Palermo also fiel
dieser „Genuese" allen Leuten durch seinen Fleiß
und seine Regsamkeit auf und die Straße der
Detturini, in der er wohnte, war voll des Lobes
über ihn. Denn neben dem Handwerk eines
Flickschusters, in dem er so tüchtig war wie nur
irgend einer, betrieb er auch einen kleinen Handel
mit Türglöckchen, eisernen Klammern, Riegeln,
Schlössern und allen Geräten, die man zum
Fischen braucht. Auch verlieh er seine beiden

Maulesel an fremde Kaufleute, die ihre Waren
aus dem Zollhause in die Speicher schaffen
wollten, und bei alldem fand er noch Zeit,
täglich zur Messe zu gehen. Auch seine Einkäufe
auf dem Marktplatz besorgte er selbst, er hielt
sich weder eine Magd noch einen Gehilfen und
man konnte ihn zeitig in der Frühe, bevor er
seinen Laden öffnete, immer bei den Fleischbänken antreffen, wo er sich sein Pfund Kalb-
fleisch einhandelte und in der Fastenzeit eine
Meerbarbe oder eine fette Schleie.

Nun waren damals wie heute die Pfarrer
in der Umgebung der Stadt arme Leute, die
nur geringen Nutzen aus ihren Pfründen zogen,
und sie mußten trachten, ihre Einkünfte zu
vermehren, so gut es ging. Und einer von
ihnen, der Pfarrer von Montelepre, schickte
seine Magd alle Wochen einmal mit einem
Korb voll Eiern und kleinen Käsen in die
Stadt auf den Markt. Denn das, was ihm
seine Bauern für die Taufen und die Seelen-
messen, für die Wachskerzen und dafür, daß er
ihnen auch den Küster machte, zahlten, das
reichte kaum auf die Erbsen in seiner Suppe.

Dieser Pfarrersmagd also, die im übrigen
weder jung noch schön war, begegnete der

6

Flickschuster öfters auf dem Markt, aber niemals sprachen die Beiden ein Wort miteinander. Als er sie zum vierten oder fünften Mal gesehen hatte, ging er nach Hause und verkaufte seinen Mantel, den er zwanzig Monate hindurch getragen hatte, und der Schneider mußte ihm sogleich Maß für einen neuen nehmen. Einige Tage blieb er daheim und aß Brot, Käse und Oliven, denn er wollte vor der Pfarrersmagd nicht länger als Vieh dastehen.

Sowie er aber den neuen Mantel hatte, fing er wiederum an, auf den Markt und zu den Fleischbänken zu gehen, und schon nach wenigen Tagen begegnete er der, die er suchte. Diesmal hatte sie zwei Masthühner und ein Töpfchen Honig mitgebracht, aus deren Verkauf sie zwei Scudi lösen sollte. Denn ihr Herr, der Pfarrer, bedurfte dieser Summe, um sich ein neues Brevier kaufen zu können.

Sie hatte sich gleichfalls schön herausgeputzt. Sie trug neue Schuhe und eine weiße Haube und an den Ohren hatte sie silberne Ringe mit blauen und weißen Steinchen. Der Flickschuster merkte das sofort und war nicht im Zweifel darüber, daß dies nur seinetwegen geschehen war. Dennoch sprach er sie nicht sogleich an,

sondern stand mit gebogenem Rücken in ihrer
Nähe und wandte kein Auge von ihr. Leute
kamen, betasteten die Hühner, wogen sie in den
Händen, kosteten von dem Honig, lobten ihn
oder tadelten ihn, mäkelten an den Preisen und
gingen wieder ihres Weges. Der Flickschuster
wartete geduldig. Endlich fand sich ein Käufer
für den Honig und die beiden Masthühner und
kaum, daß der Handel abgeschlossen war, kam
der Schuster auf die Pfarrersmagd zu und begann ein Gespräch:

„Es wird regnen", sagte er. „Der Himmel
ist ganz schwarz. Das ist gut für das Korn und
für die Rüben und für die Feigen ist es auch
nicht schlecht."

Die Pfarrersmagd wurde rot und strich ihre
Schürze glatt.

„Ganz besonders gut ist es für den Wein",
sagte sie.

„Auch für den Wein, ja", bestätigte der
Schuster. „Er war im letzten Jahr teuer. Ich
trinke täglich zwei Schoppen, aber nicht im
Wirtshaus, denn ich bin kein Schlemmer und
kein Spieler. Ich bleibe daheim und mein Vermögen vermehrt sich."

Er schwieg und betrachtete seine großen, vom

8

Pech gebeizten Hände, auf denen der Schuster-
draht Furchen und Striemen zurückgelassen hatte.

„Man kann sein Vermögen leicht vermehren,"
warf die Pfarrersmagd ein, „wenn man daheim
eine Frau hat, die das Haus in Ordnung zu
halten versteht und einem in allem zur Hand ist."

„Solche Frauen findet man selten", sagte
der Schuster. „Ich bin Junggeselle. Ich kenne
nur wenige Mädchen hier in der Stadt und
die, die ich kenne, haben alle schon ihre Liebhaber."

Sie hatte keinen Liebhaber. Der Flickschuster
erfuhr, daß sie die Magd des hochwürdigen
Herrn Pfarrers von Montelepre wäre. Diesen
Ort kannte er nicht.

„Er liegt oben im Gebirge", berichtete sie.
„Man hat von hier fünf Stunden zu gehen.
Bei uns gibt es viele Ziegen und die Bauern
machen einen sehr guten Käse, Märzkäschen von
Montelepre. Sie sind weit und breit bekannt,
man findet sie in allen Dörfern und Städten
bis hinüber nach Trapani. Die kommen alle aus
Montelepre."

— — — — — — — — — — — — —

Dann, nach einer Weile, als die ersten
schweren Regentropfen niederfielen und der

9

Marktplatz verödet dalag, waren die beiden so
weit, daß sie den Tag ihrer Hochzeit bestimmt
hatten. Denn bei Leuten ihres Standes gehen
solche Dinge leicht von statten.

So bekam der Flickschuster die Frau, die er
wollte, und eine Zeit lang ging alles gut und die
beiden lebten in Eintracht und Frieden. In den
ersten Wochen ihrer Ehe ging die Frau noch
etliche Male nach Montelepre, um die Waren
ihres früheren Herrn auf den Markt von Palermo

10

zu führen. Und jedesmal, wenn sie mit dem
Eierkorb auf dem Kopf und in jeder Hand
einen vollen Milchkrug von ihm fortging, gab
er ihr seinen Segen, den Geld hatte er keines.
Sowie er aber eine neue Magd gefunden hatte,
blieb sie daheim und, wenn sie Zeit hatte, so spann
sie und das Geld, das ihr diese Arbeit einbrachte,
gab sie am Ende jeder Woche ihrem Mann.

Alle Morgen gingen sie, wie sie es gewohnt
waren, in die Messe und wenn es acht Uhr
schlug, lief der Schuster zurück in seine Werkstatt und machte sich über das Schuhleder her,
während die Frau nun statt seiner auf den
Markt ging, um Fleisch, Öl, Wein und, was
sonst noch erforderlich war, einzukaufen. Und
mittags erfüllte der Duft ihrer Hühnerbrühen,
ihrer Kräuter- und Fischsuppen, ihrer Eierkuchen
und Käsefladen die Gasse der Detturini.

So gingen die Tage dahin und es kam der
Vorabend des Fronleichnamsfestes. Sie hatte,
wie es der Brauch erforderte, die Fenster des
Hauses mit den frischen Zweigen der Kastanien-
bäume geschmückt. Dann war sie zeitlicher als
sonst zu Bett gegangen, denn sie wollte am
nächsten Morgen das Antlitz des Herrn sehen
und die Priester in Stolen und Pluvialen, die

11

an diesem Tage mit den heiligen Reliquien durch
die Stadt zogen, und das viele Volk, daß aus
diesem Anlaß aus allen Dörfern der Umgebung
zusammenlief. Und ihr Mann lag wie immer
neben ihr im Bett.

In der Nacht fuhr sie plötzlich aus dem
Schlaf. Das Licht des Vollmondes fiel in den
engen Raum und ließ sie deutlich die Kastanien-
zweige an den Fenstern erkennen und das rauch-
geschwärzte Bild St. Johannes des Täufers an
seinem Platz an der Wand, und die kupferne
Brotpfanne auf dem Herd und die Essigflasche
und das Brotmesser und den Schöpflöffel und
das Pergamentblatt über der Tür, auf dem
mit großen, schwarzen und roten Buchstaben
die Klage St. Bernhards aufgemalt war, und
wie stets, wenn ihr Blick auf dieses Pergament
fiel, kam der Ärger über sie, weil die Fliegen die
Worte des Heiligen so unflätig besudelt hatten.

Plötzlich merkte sie, daß die Atemzüge ihres
Mannes nicht zu hören waren. Sie streckte den
Arm aus und fand seinen Platz im Bette leer.

Verwundert und erschrocken richtete sie sich
auf. Und während sie sich die Augen rieb, vernahm sie die Stimme ihres Mannes aus der
Werkstatt. Sie hörte ihn murmeln und wispern,

12

es war ihr, als betete er Pfalmen, aber fie
verftand nicht ein einziges Wort und konnte
nicht begreifen, was er noch fo fpät nachts in
feiner Werkftatt trieb und warum er nicht wie
fonft neben ihr im Bette lag. Und durch ein
Aftloch in der Tür fiel ein dünner Lichtftrahl
der Öllampe auf ihr weißes Bettuch.

„Lippo!“ rief fie, aber fie erhielt keine
Antwort. Noch immer vernahm fie das Ge-
wifper und fo rief fie nochmals:

„Philippo! Hörft du mich nicht? Lippo!“

Da wurde es nebenan ftill und nach einer
Weile hörte fie den Schufter fluchen:

„Die vermaledeiten Ratten! Sie bringen
mich um meinen Schlaf. Auf mein Leder haben
fie es abgefehen.“

Das war die Stimme ihres Mannes, daran
war nicht zu zweifeln, aber fchon im nächften
Augenblick wurde die Frau von neuem verwirrt.
Denn jetzt hörte fie ihn mit einer völlig ver-
änderten Stimme kichern und dann kam es,
halb meckernd und halb grunzend, aus der
Werkftatt:

„Ratten, jawohl, Ratten, hehehe! Schiffs-
ratten, Ratten von den Galeeren.“

„Philippo!“ fchrie die Frau voll Angft.

„Laß' die Ratten und komm' zu mir! Lösch'
das Licht aus, es ist schade um das Öl!"

„Pack' dich! Mach daß du fortkommst! Geh'
zum Teufel, deinen Teil hast du", rief der
Schuster. Und die Frau dankte dem Himmel,
denn die Stimme ihres Mannes hatte jetzt
wieder ihren alten Klang.

Eine Weile noch hörte sie ihn murmeln und
hin- und hergehen, dann fiel die Haustür
krachend ins Schloß und es war stille.

Gleich darauf steckte der Schuster den Kopf
zur Tür herein.

„Du bist wach?" brummte er und die Frau
sah, daß sein Gesicht bleich war und ganz mit
Schweißtropfen bedeckt. Und seine breiten, roten
Hände zitterten.

„Wer ist bei dir gewesen?" fragte die Frau.

„Bei mir? Wer, zum Teufel soll bei mir gewesen sein? Wie, zum Henker kommst du auf
den Einfall, daß irgendwer bei mir gewesen ist?"

„Ich habe dich wispern gehört. Mit wem
hast du gesprochen?

„Ich? Mit einer Ratte. Eine fette Ratte lief
zwischen meinen Lederbündeln hin und her und
machte Lärm, eine große, schwarze, feiste Ratte,
ein wahrer Prälat von einer Ratte und dabei

14

hat sie gestunken wie ein Jude. Aber das eine
weiß ich: Ich habe sie ordentlich zerbläut."

Darüber, daß ihr Mann die Ratte einen
feisten Prälaten nannte, mußte die Schustersfrau lachen troz des Schreckens, den sie ausgestanden hatte. Und als der Schuster ihre
Heiterkeit bemerkte, trieb er den Spaß weiter
und sagte:

„Ein wahrer Großprior von einer Ratte.
Ein feistes Äbtlein. Aber ich habe sie gestriegelt,
das kannst du mir glauben."

Der Frau erschien es jetzt nicht weiter ver-
wunderlich, daß ihr Mann in der Nacht auf
Ratten Jagd gemacht hatte. Sie erinnerte sich,
daß auch ihrem früheren Herrn die Ratten einmal ein Bett, ein andermal zwei Stücke Tuch
und ein neues Chorhemd verdorben hatten, und
sann auf Abhilfe.

„Eine Kaze, nein, die taugt zu nichts", sagte
sie und zog die Decke bis an den Hals. „Sie
säuft mir die Milch weg, täglich will sie ihre
Schüssel voll und nichts im Hause ist vor ihr
sicher. Kazen können einem auch Streiche spielen
und in der Nacht lärmen sie auf den Dächern.
Nein, keine Kaze! Aber Gift. Das ist das
Richtige. Der Apotheker an der Ecke des Markt-

platzes, der Cypriote, verkauft Rattengift in
kleinen Büchsen."

Und da sie im dritten Monat schwanger
war, so kamen Wünsche und Begierden nach
Dingen über sie, um die sie sich nie im Leben
gekümmert hatte.

„So oft ich vorbeikomme, stecke ich den Kopf
in seinen Laden. Er hat hundert Wohlgerüche
und Essenzen: Lavendelwasser und Orangen-
syrup, und Jasminblütenöl und Veilchentropfen,
und Moschusseife und zyprisches Puder — ich
kenne gar nicht alle die Namen. Schläfrig bin
ich. In seinem Laden riecht es wie in einem
Klostergarten. Rattengift hat er auch. Der Narr
ruft es aus und preist es an, der Spaßvogel,
sein Diener. Ich werde welches kaufen. Eine
kannst du erschlagen, aber das hilft nichts, die
andern kommen immer wieder."

Der Flickschuster lag schon neben ihr im Bett.
Sie hörte ihn tief aufseufzen und dann schlief
sie ein.

Einige Wochen später, es war an einem
Sonntag und schon gegen Abend, erging sich
der Schuster mit seiner Frau auf dem Chryso-

16

stomoplatz, in dessen Mitte der schöne, erz-
gegossene Christus steht. Das ganze Hafenviertel
war zusammengelaufen, Seeleute, Kneipenwirte,
Zollhausdiener, Segeltuchflicker, Kaufmanns-
gehilfen und die Packträger in ihren Sonntags-
kleidern drängten sich um ein Zelt, in dem man
gegen Bezahlung zweier Kupfermünzen eine
Menge fremdländischer Vögel und Schlangen
und ein lebendes Hippopotamus betrachten
konnte. Dieses seltene Schaustück hatte etliche
Jahrmarktskünstler angelockt, die aus dem Zu-
lauf der Neugierigen ihren Vorteil zu ziehen
gedachten. Von dem Dache des Spritzenhauses
liefen an den Fenstern des Klosters der Predigerbrüder vorbei zwei Stricke, auf denen ein Seiltänzer in Strumpfhosen und silbergesticktem Rock
hin und herstelzte. Ein Mädchen aus Cartha-
gena, beinahe noch ein Kind, tanzte auf einer
Strohmatte zu den Klängen zweier Zymbeln und
einer Maultrommel und ein alter Pollchinell
rief, auf einem Ölfaß stehend, die Drogen und
Arzneien eines wandernden Arztes aus, nieder-
schlagende Pulver und Kropfbalsam für die
Pferde. Ein Negerjunge ließ seinen Affen Schild-
wache stehen und Stockschläge austeilen und
ein Grieche von den Inseln, der Honig- und

Piſtazienkugeln feil hielt, erzählte Schnurren,
die die Mädchen erröten ließen.

Der Schuſter ſah von dem erhöhten Platz
unter dem Kirchenportal aus dem Treiben zu.
Immer noch ſtrömten Leute aus den Schenken
der Umgebung herbei. Die Schreie der Eis-
waſſerverkäufer hoben ſich gellend aus dem
Lärm, die Luft war ſchwer von dem Geruch
der gebackenen Fiſche. Ganz in der Ferne konnte
man das Meer und die geflickten Segel der
Frachtſchiffe ſehen.

Schon eine ganze Weile hindurch hatte die
Schuſtersfrau zwei Männer beobachtet, die ſich
trotz der hin- und herflutenden, drängenden und
ſtoßenden Menge immer in ihrer Nähe hielten
und ihren Mann, den Schuſter, nicht einen
Augenblick lang aus den Augen ließen. Der
eine von ihnen, ein großer, ſchwerer Mann,
war wie ein Nobile gekleidet, er trug Schnallen-
ſchuhe, papageigrüne ſeidene Strümpfe, einen
flohfarbenen Rock, Perücke, Federhut und an
der Seite einen kurzen Stoßdegen. Aber dieſes
vornehme Äußere wollte gar nicht zu ſeinen
groben Zügen paſſen. Er hatte ein ſtark gerötetes Geſicht, unter einer Sattelnaſe ſaß ein
roter Schnauzbart und von der rechten Wange

18

zur linken lief ein breites Pflaster. Hochmütig, ohne sich zu rühren, mit verschränkten Armen und den Blick auf den Schuster geheftet, stand er da, während sein Begleiter, ein behendes Männchen mit glattem Gesicht und verschmitzten Augen — allem Anschein nach ein Abbate —

in immerwährender Bewegung bald vor, bald neben ihm umhertänzelte.

„Da sind zwei, die dich mit Aufmerksamkeit betrachten", flüsterte die Schustersfrau ihrem Manne zu. „Kennst du etwa einen von ihnen?"

Der Schuster sah mit einem flüchtigen Blick nach den Beiden hin. Dann zuckte er die Achseln und sagte:

„Nein, die kenne ich nicht. Weder den einen, noch den andern. Kümmere dich nicht um sie. — Da ist er wieder! Es wird ein Unglück geben, das sehe ich schon. Er wird fallen mit samt dem Kinde."

Und er wies auf die Dachlucke des Spritzen= hauses, in der soeben der Seiltänzer mit einem kleinen Mädchen, das eine blaue Fahne schwenkte, auf dem Rücken zum Vorschein kam.

Indessen hatten sich die beiden Gesellen ganz nahe herangeschoben und die Frau hörte, wie der mit dem Federhut seinen Begleiter mit einer sonderbar gurgelnden Stimme fragte:

„Welche Zeit haben wir, Don Cecco?"

„Euer Gnaden zu dienen, elf Uhr", kicherte der Kleine. „Elf Uhr, wenn es Euer Hochgeboren so recht ist."

Die Frau wunderte sich über die Unsinnig= keit dieser Antwort, denn es war noch keine Viertelstunde vergangen, seit in St. Chrysostomo das Sieben=Uhr=Läuten begonnen hatte. Und drüben in der Klosterkapelle der Predigerbrüder rief die Glocke noch immer zum Ave Maria.

„Elf Uhr also", gurgelte es unter dem roten Schnauzbart hervor."

„Gib acht, jetzt springt er", rief beinahe im gleichen Augenblick der Schuster und haschte nach dem Arm seiner Frau. Drüben der Seiltänzer war mit einem kühnen Satz auf dem Steinpflaster des Marktplatzes gelandet. „Zu früh! Viel zu früh! Und mit dem Kind auf dem Rücken! Du bist sehr unvorsichtig, Bursche. Es wird dich einmal deinen Hals kosten."

„Dieses Kunststück hat er gewiß schon hundertmal gezeigt", sagte die Frau, die nicht begriff, warum sich ihr Mann wegen des Seiltänzers so ereiferte. „Es ist nicht viel daran. Die Seeleute auf den Schiffen, die machen noch ganz andere Sachen, man muß ihnen nur einmal zusehen."

„Wenn nicht elf, dann zwölf", meckerte der Abbate. „Wie es Euer Gnaden lieber ist. Warum sollte es nicht zwölf sein, wenn das Euer Gnaden besser gefällt."

„Zwölf Uhr also", grunzte der mit dem Stoßdegen.

Diese Stimmen — wo hatte sie dieses Gurgeln und Kichern nur schon gehört! Sicherlich nicht vor sehr langer Zeit. Die Frau dachte

nach. Anfangs glaubte sie in den Beiden zwei
Viehhändler zu erkennen, die einmal nach
Montelepre gekommen waren, um Ziegenböcke
zu kaufen, und als sie länger darüber nachsann,
wurde sie ihrer Sache beinahe sicher und den
Namen des einen wußte sie sogar noch. Aber
mit einem Male klangen ihr Worte im Ohr,
sie sah sich daheim in ihrer Schlafkammer, halb
aufgerichtet lag sie im Bett, durch das Astloch
in der Tür fiel ein dünner Lichtstrahl auf ihre
Hände und aus der Werkstatt — „Ratten!"
gurgelte es — „Ratten!" meckerte es, „Schiffs=
ratten!" — „Ratten von den Galeeren!"

Ein eisiger Schreck durchfloß sie. Ihre Füße
zitterten und sie mußte sich an die Kirchentür
lehnen, um nicht zu fallen. Sie wußte nun, daß
ihr Mann sie belogen hatte. Daß diese beiden
unheimlichen Figuren, der Nobile und der kichernde
Abbate, es gewesen waren, mit denen er damals,
in der Nacht vor dem Fronleichnamsfeste in
seiner Werkstatt gewispert und geflüstert hatte.
Und jetzt verstand sie auch den Sinn der sonder=
baren Reden, die die beiden geführt hatten:
Heute nachts wollten sie wieder kommen und
sie hatten die Stunde verabredet. — „Elf Uhr,
Euer Gnaden, zu dienen." — „Zu früh! Viel

22

zu früh! Du bist sehr unvorsichtig, Bursche!", hatte ihr Mann geantwortet, denn er wußte ja, daß sie um diese Stunde noch wach war.

Voll Angst blickte sie zu ihrem Manne auf. Der stand und sah mit offenem Mund nach dem Seiltänzer hin, verfolgte jede seiner Bewegungen mit den Augen, er schien nichts anderes zu sehen und nichts zu hören.

„Zwölf Uhr also und dabei bleibt es", gurgelte der mit dem Pflaster.

Und die Frau sah, wie der Schuster ganz leicht und beinahe unmerklich mit dem Kopf nickte.

Daheim, am Abend, stellte die Frau die Kohlsuppe, die von Mittag übrig geblieben war, und ein Stück Pöckelfleisch auf den Tisch und nach dem Essen ging sie hinaus, um nach den Maultieren zu sehen und Wasser vom Brunnen zu holen. Als sie in die Stube zurückkam, lag der Schuster schon mit der Nachtmütze auf dem Kopf im Bett. Während sie die Schüsseln spülte, machte er das Zeichen des Kreuzes und begann zu beten und zwischen dem Te Lucis und dem Ave Maria blies er das Licht aus und sagte:

„Gegessen haben wir. Geh' schlafen!"

Die Frau gehorchte und ging zu Bett, damit der Schuster nicht Argwohn schöpfen und etwa merken sollte, daß sie im Sinne hatte, ihm hinter sein Geheimnis zu kommen. Und während sie regungslos und mit geschlossenen Augen unter ihrer Decke lag, wandte sie allerlei Mittel an, um sich die Zeit des Wartens zu verkürzen und um die Müdigkeit fern zu halten, denn schlafen durfte sie nicht.

Zuerst verfiel sie darauf, die Dörfer, die Weiler, die Landhäuser und die einzelnen Ge-höfte, die zwischen Montelepre und Palermo lagen, der Reihe nach aufzuzählen, denn diesen

24

Weg kannte sie genau, oft genug war sie ihn
gegangen. Und als sie damit zu Ende war,
dachte sie darüber nach, wann sie zum letztenmal
Haselnüsse gegessen hatte, denn Haselnüsse liebte
sie über alles, in der Stadt gab es keine,
niemand brachte sie auf den Markt.

Aber die Zeit verging nur langsam. Und die
Schustersfrau kam auf den Gedanken, auszu-
rechnen, wieviel Leute sie in der Stadt kannte,
in der sie nun seit einem halben Jahre lebte.
Es mußten mehr als hundert sein.

— Gleich unser Nachbar zur Linken — begann sie — der Weinhändler Tagliacozzo. Einmal
hat er mir eine Flasche von seinem Oleatico
zum Geschenk gemacht, weil ich ihm seine Schuhe
früher als er sie erwartet hatte, brachte. Niemals
habe ich einen besseren Wein getrunken, auch
nicht im Kloster. Seine Tochter, die Theresa —
die Frau des Gewürzkrämers heißt auch so.
Seinen Namen kenne ich nicht. Die Leute nennen
ihn Gevatter Scusi oder auch bloß Gevatter.
Wenn ich einen Mörser brauche zum Pfeffer
stoßen, er leiht mir ihn immer. Einen Kessel-
schmied, einen Wollwirker, einen Grünkram-
händler gibt es in der Gasse, das sind zusammen
sieben. Dann der Alte, dem die Scharlachfärberei

im Hafen gehört. Er hat zwei Söhne und der
eine von ihnen kauft Tabakblätter und verar-
beitet sie zu Schnupftabak. Auch einen Korallen-
handel betreibt er und verdient eine Menge
Geld. Drei Scudi eine Kette! Dafür bekommt
man schon beinahe eine Ziege zu kaufen. —

Sie hielt inne, denn ein Gedanke war ihr
gekommen, der Hoffnung, zugleich aber auch
ein Gefühl des Unbehagens in ihr erweckte.

— Schulden! Vielleicht hat er Schulden und
das verheimlicht er mir. Diese Beiden, die haben
ihm Geld geliehen und nun kommen sie, um
ihn zu mahnen und zu drängen, das ist das
Ganze. Diese Geldrüssel, diese Wuchersäcke und
dabei ist der Abbate ganz sicher ein falscher
Abbate. — Aber nein, Schulden kann er nicht
haben. Hätte er denn sonst erst kürzlich wieder
ein Maultier gekauft, noch eines, zwei hat er
schon im Stall stehen. Sechsunddreißig Scudi
hat es gekostet und wert ist es keine sechs. Es
beißt und schlägt und wenn einer aufsteigen
will, braucht er zwei, die ihn halten. —

Und bekümmert, von Unruhe und Sorge
bedrückt, flüchtete sie in ihren früheren Zeit-
vertreib zurück.

— Der Kornhändler Capucci. Was mich

26

wundert, ist, daß die armen Leute des Viertels
sich nicht zusammentun, um über ihn herzufallen.
Luca Zagarolo, der Sattler. Es gibt noch einen
anderen Zagarolo hier in der Stadt, der vermietet
Sessel in der Heiligengeistkirche. Aber er nennt
sich: Makler. Dann die Perückenmachersleute,
drüben im Hause gegenüber. Sie sind nur zwei,
er und die Frau, aber Lärm machen sie für
zehn. —

— Einmal, fiel ihr plötzlich ein, waren zwei
Männer in die Werkstatt gekommen, auch mitten
in der Nacht, die hatten kleine Bleikugeln gekauft, wie man sie zum Beschweren der Netze
verwendet. Sie hatten es sehr eilig gehabt,
weil sie noch vor Aufgang der Sonne auf den
Thunfischfang ausfahren wollten. Sie, die
Schustersfrau, hatte ihnen Glück gewünscht, das
Boot voll Fische, und der eine von ihnen, der
Alte, hatte gesagt: Von Gott kommt die Gnade.
Ehrliche Leute, sie hatten bezahlt und waren
gegangen. Aber diese Beiden, der Nobile und
der Abbate — wenn er wirklich ein Abbate
war, denn Bücher hatte sie keine in seinen
Rocktaschen gesehen — diese Beiden —

Sie horchte auf. Langsamen Schrittes ging
die Scharwache am Hause vorbei. Das Licht

einer Laterne glitt durch die Stube und ließ den
Rührkübel, den Lederschurz des Schusters, das
Sieb, den Wasserkrug und den heiligen Johannes,
eines nach dem andern aus dem Dunkel tauchen
und wieder verblassen. Der Schatten eines Ge-
wehrlaufes malte sich an der Wand, wuchs in
die Länge und verging. Dann erlosch der Lichtschein und die Schritte verloren sich in der
Ferne. Irgendwo, in einem Nachbarhause, bellte
ein Hund und ein anderer gab ihm Antwort.
Die Frau lag und horchte auf die Geräusche
der Nacht. Und nun schlug die Uhr zwölf und
beim letzten Glockenschlag erhob sich der Schuster
lautlos von seinem Lager.

Sie rührte sich nicht, sie lag mit geschlossenen
Augen und stellte sich schlafend, nur ihr Herz
klopfte laut und ungestüm, denn er stand über
sie gebeugt und horchte, sie fühlte es, sein Gesicht
war dem ihren ganz nahe, sein Atem strich über
ihre Wange.

Von der Straße her ertönte ein Pfiff. Sogleich richtete sich der Schuster auf. Sie hörte
ihn hastig hin- und hergehen und in der Dunkelheit nach seinen Kleidern tappen. Dann schlich

28

er sich zur Tür und einen Augenblick später war
er in der Werkstatt verschwunden.

Eine Minute lang blieb alles still. Dann
knarrte das Haustor in den Angeln und eines
von den Maultieren schrie im Schlaf. Wiederum
Stille und nun Schritte und eine Stimme, die
Stimme, die sie kannte, das Kichern des Abbate,
aber ganz leise diesmal, kaum mehr als ein
Geflüster. Noch immer blieb die Frau im Bett
und wartete. Bis dann das Licht der Öllampe
durch das Astloch in die Stube kam und
als ein kreisrunder Schimmer auf ihren
Händen lag.

Jetzt war es Zeit. Geräuschlos stand sie auf
und glitt auf leisen Sohlen zur Tür.

Durch das Astloch konnte sie nur einen
kleinen Teil der Werkstatt sehen. Die gläserne,
mit Wasser gefüllte Schusterkugel, die das
Licht der Öllampe auffing und zurückwarf.
Den Tisch und über dem Tisch eine Hand, die
große, zerfurchte, von Pech gebräunte Hand
ihres Mannes.

Diese Hand hielt einen metallenen Leuchter.
Sie hob und wog und drehte und wendete ihn,
dann verschwand sie für einen Augenblick im
Schatten und als sie wieder sichtbar wurde, hielt

sie nicht mehr den Leuchter, sondern eine dünne, silberne Kette.

Da erriet die Frau, was in der Werkstatt vorging: Diese Beiden, der mit dem Pflaster im Gesicht und der falsche Abbate, waren Diebe und sie hatten das gestohlene Gut hiehergebracht, aber wie war es nur möglich, daß ihr Mann ihnen den Hehler machte, da er doch täglich zur Messe ging und sein ehrliches Handwerk hatte und seinen Handel und die Maultiere noch außerdem im Stall.

Sie fühlte keine Furcht mehr, sondern nur Zorn und Scham, weil diese Beiden aus ihrem Haus eine Diebshöhle gemacht und ihren Mann dazugebracht hatten, daß er Gott und seine Ehre vergaß. Und der Zorn übermannte sie, sie stieß die Tür auf und trat ein.

Die Drei, der Nobile, der Abbate und der Schuster, saßen um den Tisch, auf dem die verschiedensten Dinge lagen: zwei silberne Löffel, der Leuchter, eine Streusandbüchse aus getriebenem Kupfer, eine Lichtschere, die Kette, ein zerbrochener Fächer, ein stark zerschlissenes seidenes Tuch und eine Schildkrotdose ohne Deckel. Auf der Erde, neben der Tür, lag ein Pferdegeschirr mit Messingbeschlägen. Und die Drei besahen und prüften bald

30

dieses, bald jenes Stück und der Schuster hielt
die Schnupftabakdose aus Schildkrot in der Hand
und so vertieft waren sie in die Betrachtung
dieser Dinge, daß keiner von ihnen der Frau
gewahr wurde.

Aber abseits von ihnen stand noch ein Vierter
im Zimmer, ein großer, schlanker Mann, ganz
in Schwarz gekleidet, mit schmalen Händen und
dunklen Augen und einem bleichen Gesicht,
das man beinahe schön hätte nennen können,
wären nicht die Brandnarben auf seiner
Stirne und an seinen Schläfen gewesen. Der
hatte die Frau sogleich bemerkt, aber er sagte
kein Wort, sondern sah sie nur unverwandt
an und dieses Schweigen währte endlos lange
und die Frau fühlte unter diesem stummen
Blick eine leise Angst in sich aufsteigen und
schloß die Augen.

„Hut oder Haube?" fragte plötzlich der
Schuster, ohne aufzublicken.

„Käppchen", kicherte der Abbate. „Es war
noch allerlei Gewürz dort, aber wir hatten
keine Luft, mußten rasch zum Fenster hinaus-
türmen, denn der Alte war scharf geworden
und begann zu trillern. Einen Augenblick noch
und es wäre Saft geflossen."

„Ihr Diebsgesichter!" schrie die Frau, als sie diese Galgensprache hörte, ganz heiser vor Zorn. „Seid ihr alle drei toll geworden, daß ihr hieher in ein ehrliches Haus kommt? Packt euern Kram und trollt euch!"

Der Schuster fuhr in die Höhe und starrte seine Frau mit weit aufgerissenen Augen an wie ein Gespenst. Er wollte sprechen und brachte vor Entsetzen kein Wort hervor. Die Schnupftabakdose aus Schildkrot hielt er in der Hand und preßte sie an seine Brust, als wäre sie ein Talisman.

Aber die beiden anderen waren durchaus
nicht erschrocken, sondern nur überrascht durch
den Anblick der Frau, die nichts auf dem Leibe
hatte, als ihr Hemd. Und der Abbate stand auf,
schob seinen Stuhl zurück, kam näher, besah alles,
was zu sehen war, und kicherte in sich hinein:

„Ein hübsches Weibchen. Ein appetitliches
Weibchen. Schuster, das eine sag' ich dir,
nimm dich vor Sir Thomas in acht. Sieh' ihn
dir an, wie er sie mit den Augen verschlingt.
Die Vollen und die Rundlichen, die sind ihm
die liebsten. Denn, wenn er auch ein Engländer
von Geburt ist —“

„Schweig!“ gurgelte der mit dem Stoßdegen. „Oder erstick an deinem Geschwätz!
Schuster, schick' sie hinaus, ich brauche weder
die, noch eine andere. Was ich brauche, das ist
Metall.“

„Einen Strick um deinen Hals, das ist es,
was du brauchst“, schrie die Frau. „Du bist
mir eine rechte Galgenzierrat. Und jetzt nehmt
euern Plunder und lauft, was ihr könnt,
oder ich schlage Lärm, so wahr Christus aufer-
standen ist.“

„Schöne, weiße Arme“, meckerte der Abbate.
„Und das andere ist auch nicht übel. Schon gut,

mein Schätzchen, gesehen haben wir dich, jetzt
geh' wieder schlafen."

„Ihr wollt euch nicht packen, ihr Beutel-
schneider!" rief die Schustersfrau. „Ihr wollt
warten, bis ich die Wache rufe?"

„Die Wache!" gurgelte der mit dem Pflaster
im Gesicht. „Die Wache!" kicherte der Abbate.
„Das wird lustig sein. Das wird einen Spaß geben.
Ich sehe den Schuster schon Luftsprünge machen
vor Vergnügen. „Geh, mein Herzchen, und ruf
die Wache."

Die Frau warf einen ratlosen Blick auf ihren
Mann und sah sein verzerrtes Gesicht. Und eine
Ahnung stieg in ihr auf, daß es das Schlimmste
wäre, was ihm geschehen konnte, wenn sie die
Wache rief. Und in ihrer Verzweiflung hob sie
ein schweres Schüreisen vom Boden auf, schwang
es als Waffe und drang auf die beiden ein.

„Hinaus mit euch, ihr Erzdiebe!" zetterte
sie, und der kleine Abbate brachte sich sofort
hinter dem Tisch in Sicherheit, der andere aber
blieb sitzen, gähnte, streckte die Beine von sich
und grunzte:

„Don Cecco, fragen Sie sie, was, zum Teufel,
sie damit meint."

„Daß ich dir Löcher in den Kopf schlagen

34

werde, du Spitzbub, wenn du dich nicht davon
machst", schrie die Schustersfrau.

„Ich denk', es ist besser, du gibst das Eisen
weg", gurgelte er. „Ich mein', das ist kein
Spielzeug für dich."

Sie gab keine Antwort, sondern ging auf
ihn los und traf ihn am Kopf, einen Ochsen

hätte dieser Hieb zu Boden geworfen. Er aber
stand gelassen auf. Sie spürte den schmerzenden
Griff seiner Faust, stieß einen Schrei aus und
ließ das Eisen fallen.

„Da liegt es", gurgelte er. „Da liegt es",
kicherte der Abbate, kam hinter dem Tisch hervor und stieß es mit dem Fuß beiseite.

Da, in diesem Augenblick, hob der Dritte,
der Schwarzgekleidete, der mit den Brandnarben im Gesicht, seine schneeweiße Hand. Er
führte sie an die Lippen und dann zur Stirne,
schwenkte sie, schlug sich zweimal auf die Schulter,
spreizte die Finger und mit der anderen Hand
fuhr er sich über die Wange und alle diese
Bewegungen kamen so rasch hintereinander, daß
die Frau ihnen nicht zu folgen vermochte.

Die beiden Anderen aber hatten seine Zeichen
verstanden. Der Abbate zog ein blaues, von
Tabaksaft beflecktes Tuch aus der Tasche, breitete
es aus und begann, die Sachen, die auf dem
Tische lagen, hineinzupacken: den Leuchter, die
Kette, die Streusandbüchse, die Lichtscheere und
den zerbrochenen Fächer. Und der mit dem
Pflaster lud sich das Pferdegeschirr auf den Rücken,
spie aus, setzte den Federhut auf und sagte:

„Es ist gut. Wir gehen. Unser Kapitän be-
fiehlt es so. Aber morgen kommen wir wieder.
Bring deine Frau inzwischen zur Vernunft,
Schuster, der Kapitän mag das Geschrei nicht
leiden. Und dann die zwölf Scudi, sorg', daß
die bei der Hand sind, hast du verstanden?"

Er ging, hochmütig und verdrossen, und
hinter ihm der Abbate, mit einem Blick auf die

36

Frau und einem Kratzfuß und einem Grinsen und einer verliebten Geste, und dann als Letzter der furchtbare Stumme.

Das Haustor fiel krachend ins Schloß und dann war Stille. Stumm und bewegungslos stand der Schuster und starrte vor sich hin. Das Licht der Schusterkugel fiel auf sein Gesicht, das in diesem Augenblick müde und verfallen und um viele Jahre gealtert aussah. Und die kleine Tabakdose aus Schildkrot hielt er noch immer in der Hand.

Nun erkannte die Frau, daß sie auf ein zweites und schwereres Geheimnis gestoßen war, auf eines, das ihren Mann völlig in die Gewalt der drei Diebe gebracht hatte. Denn aus freien Stücken und des Gewinnes halber, das sah sie, war er nicht zum Hehler geworden. Und da sie nun mit ihm allein war, nahm sie ihn, voll Begierde, ihm zu helfen, an der Hand und zog ihn in die Schlafkammer und er ließ alles mit sich geschehen, gelähmt durch den Schrecken, der so plötzlich über ihn gekommen war.

Die Lampe hatte sie mit sich genommen. Sie füllte sie mit frischem Oel, putzte den Docht und stellte sie auf den Tisch neben die Schüssel, auf der noch die Reste des Pökelfleisches lagen. Und dann begann sie, dem Schuster mit guten Worten und Bibelstellen und frommen Sprüchen zuzusetzen und ließ nicht ab, ihn zu ermahnen, daß er ihr die Ursache seines Unglücks nicht länger verheimlichen solle.

„Faß dir ein Herz und sprich!" sagte sie. „Bekenne laut und der himmlische Chor wird Amen dazu sagen. Denn es gibt keine Sünde, die Gott in seiner Liebe nicht verzeiht, davon hat er oftmals sichtbares Zeugnis gegeben."

Der Schuster saß gebeugt, das Kinn in der Faust und die Faust auf der Tischplatte und stierte vor sich hin. Und die Frau fuhr fort:

„Wir haben Trübsal, aber wir ängstigen uns nicht. Wir leiden Verfolgung, doch wir kommen nicht um. Uns ist bange, aber wer wird verzagen? Hat nicht der Herr gesagt: Ich will dich nicht verlassen noch versäumen? Sprich also und beichte und du wirst einen Trost finden."

Aber das alles war vergeblich gesagt, denn der Schuster hörte nicht auf sie und verblieb in seinem Schweigen. Das Licht der Öllampe flackerte und zuckte und ihr schwelender Rauch stieg zur Decke der Stube empor.

38

„Selig ist, wer auffährt zur ewigen Freude", begann die Frau von neuem ihre Litanei. „Einem jeden von uns ist geöffnet die Gnaden- tür und es ist ein wahres Glück, daß das so eingerichtet ist. Nun sollst du reumütig bekennen, aber du sitzt und schweigst und starrst auf die Schüssel. Wenn du Hunger hast, so nimm dir und iß, es ist noch genug da. Aber verharre nicht länger in deiner Verstocktheit, denn ohne Reue und Bekenntnis ist es unmöglich, Gott zu gefallen, das weißt du, oft genug hat es der Pfarrer auf der Kanzel gepredigt."

Der Schuster öffnete die Hand und ließ die Schildkrotdose fallen. Jetzt ging sie völlig in Trümmer. Und dann hob er den Kopf und sagte so leise, daß es kaum zu hören war:

„Reue, sagst du! Vor jedem Heiligenbild bin ich auf den Knien gelegen, vor jedem Kruzifix hab' ich mir den Hals verrenkt. Angst und Sorge hab' ich genug ausgestanden. Aber Reue, nein, ich fühle keine. Was ich damals getan hab', dasselbe würde ich heute wieder tun und wenn ich dafür nochmals auf die Galeere müßte."

Die Frau erschrak aus tiefstem Herzen, starr vor Entsetzen saß sie da, denn jetzt war es dem

Schufter entfahren, daß er ein Galeerenfträfling
gewefen war. Aber fie faßte fich rafch und ließ
ihn nichts merken, denn fie war eine mutige
Frau.

„Alfo auf den Galeeren bift du gewefen“,
fagte fie leichthin, als ob fie genau das und
nichts anderes zu hören erwartet hätte. „Einmal
in Montelepre hab' ich einen ganzen Trupp ge-
fehen, der über Land geführt wurde. Sie fchliefen
in den Ställen, nur der Offizier, der bekam im
Pfarrhaus Quartier. Die ganze Nacht hindurch
fangen fie unehrbare Lieder. Am Morgen zogen
fie weiter und der Leutnant ließ zwei Scudi
für den Herrn Pfarrer auf dem Tifch liegen. —
Grüne Mützen hatten fie“, fügte fie hinzu.

Der Schufter fuhr fich mit der Hand über
den Kopf und feufzte.

„Bift du lange Zeit auf den Schiffen gewefen?“ fragte die Frau nach einer Weile.

„Lange genug. Zwei Jahre lang und dann
bin ich ihnen davon. Überall haben fie mich ge-
fucht, in Cantanzaro, in Pizzo und in Bari
waren fie hinter mir her und in Avola hätten
fie mich beinahe wieder eingefangen. Jetzt fuchen
fie mich nicht mehr, fie haben mich, glaub' ich,
gänzlich vergeffen. Nun weißt du 's und ich

40

fürchte nur, die anderen werden es auch bald wissen, die Nachbarn, denn ihr Frauen könnt ein Geheimnis nicht für euch behalten Ein Narr bin ich gewesen. Wer in Ruhe leben will, der heiße seine Zunge schweigen, hat gelehrt Sankt Petrus."

„Hast du mir soviel erzählt," sagte die Frau, „so will ich noch das eine wissen, warum sie dich auf die Galeere geschickt haben. Sicherlich ist dir Unrecht geschehen."

Der Schuster brütete finster vor sich hin.

„Ich habe es getan", murmelte er. „Niemals hab' ich es geleugnet, auch vor dem Richter nicht. Was nützt es, wenn ich dir das alles wiederhole. Einen Wucherer, einen Blutsäufer hab' ich erschlagen, in Pisa, als er zum drittenmal kam, um mich zu pfänden. Er war reich und hatte eine große Verwandtschaft und die ließ nicht nach und brachte den Richter dahin, daß er mich auf die Galeeren schickte. Das ist jetzt zehn Jahre her."

Und von der Gewalt der Erinnerung gepackt, begann der Schuster von dem Leben, das er auf dem Sträflingsschiff geführt hatte, zu sprechen und er gedachte mit Bitterkeit und Ingrimm der Bohnensuppen und des verschim-

melten Brotes, des roten Kittels und der
Drillichhose, der Leibesvisitationen, der Seiler-
arbeit im dunklen Schiffsraum, der Stockschläge,
des Pumpwerks und des eisernen Dreiecks, das
man ihm um den Hals geschmiedet hatte. Dann
berichtete er, wie er seine Flucht ins Werk ge-
setzt hatte, und in seiner Erregung sprang er
auf und ging, wild gestikulierend, im Zimmer
auf und nieder.

„Der Bursche, mit dem ich die Nacht über
zusammengekettet war, Sercambi hieß er,
Giacomo Sercambi, der war ein Schurke, ein
erbärmlicher Verräter, zwanzig Jahre alt, aber
zu allem fähig, für einen halben Scudo hätte
er die zwölf Apostel gepeitscht. Als er merkte,
daß ich, während er schlief, die Eisenstäbe der
Schiffsluke durchfeilt hatte, kroch er in seinen
Winkel und sagte kein Wort, er war schlau wie
der Teufel, aber ich sah wohl, wie er in sich
hineinlachte in Erwartung des Schoppen Weins,
den er sich als Lohn für seinen Verrat von den
Aufsehern ausbedingen wollte. Da hieß es han-
deln. Ich nahm die Kette und schlug ihm sie an
den Kopf, daß er niederfiel, er war gleich tot.
Dem Mann auf dem Verdeck, der die Wache
hielt, den stach ich mit seinem eigenen Messer

42

nieder. Dann kamen die Andern von allen Seiten auf mich los, aber ich erwehrte mich ihrer."

Und der Schuster blieb stehen und reckte zornig seine gewaltigen Arme in die Höhe, als wollte er alle Häscher und Greifer und Stock-

meister der ganzen Welt nochmals zum Kampfe herausfordern.

„So hab' ich dreimal gemordet, nun weißt du 's, einmal im Zorn und zum zweiten- und zum drittenmal, weil ich mußte, sie wollten es nicht anders. Als ich im Wasser war, schossen sie nach mir und wenn sie mich getroffen

43

hätten, das wäre auch ein Mord gewesen oder
etwa nicht? — Zwei Tage lang lag ich am
Ufer, im Schilf versteckt, und sie fanden mich
nicht."

Und nun erzählte der Schuster, wie er,
nach mancherlei Irrfahrten, endlich in Palermo
Ruhe vor seinen Verfolgern gefunden hatte.
Denn hier kümmerte sich keiner um den andern,
die Stadt war groß, jeder ging seinen Ge-
schäften nach und täglich gab es neue Gesichter.
Er hatte sich gar nicht einmal verborgen halten
müssen.

"Bis eines Tages," fuhr er fort, "drei
Monate sind es her, dieser Don Cecco, der sich
für einen Abbate ausgibt, an meiner Ladentür
vorüberkam. Er war auch auf dem Sträflingsschiff gewesen, einer Fälschung wegen, die er
zum Schaden eines Notars begangen hatte.
Ich hielt mir die Hand vor 's Gesicht, verzog
den Mund und blies die Backen auf, aber das
half mir nichts, er erkannte mich sogleich. Ich
suchte zu entwischen, aber er ging mir in die
Werkstatt nach, nannte mich beim Namen und
sprach mich an und ich mußte noch so tun, als
wäre ich erfreut, ihn wiederzusehen. Als er mein
Handwerkzeug und das Leder sah und in der

44

Kammer die Äpfel, den Käse und den ge-
räucherten Speck, wurde er sehr vergnügt, denn
er merkte, daß ich ein ehrlicher Mann geworden
war. Und fortwährend sprach er von meinem
Wohlstand. Dann ging er, aber noch in der
Nacht darauf kam er wieder und brachte die
beiden andern mit, die du gesehen hast, und
ich mußte ihnen ihre Sachen ablaufen, die
Diebsbeute, was blieb mir denn anderes übrig?
Sie hätten keinen Augenblick gezögert, mich der
Behörde anzugeben, wenn ich mich geweigert
hätte, diese Spitzbuben sind verzweifelte Kerle."

Er seufzte und wischte sich den Schweiß
von der Stirn.

"Und seit diesem Tage," sagte er, "hab' ich
in immerwährender Furcht gelebt und keine
gute Stunde mehr gehabt, das kannst du mir
glauben. Denn sie kommen alle Wochen und
verlangen Geld."

Die Frau blickte auf und sah in sein be-
kümmertes Gesicht und war sich nicht länger
im Zweifel darüber, daß er klug daran getan
hatte, den drei Dieben nicht die Türe zu weisen.
Denn wie konnte Gott im Sinne haben, daß
ihr Mann ehrlich bleiben und dafür wiederum
auf die Galeere kommen sollte? Nein, das

konnte nicht in Wahrheit Gottes Wille sein. Und da sie nun alles wußte, so schien es ihr rätlich, die Dinge so zu lassen, wie sie liefen. Aber ein Bedenken hatte sie noch und das sprach sie aus:

„Ein jeder hat an seinen Sünden zu tragen, du mußt nicht glauben, daß du der einzige bist. Es ist nur das, über kurz oder lang wird man sie einfangen und dann fürcht' ich, werden sie dich verraten, denn wenn der Hals in der Schlinge ist, bleibt die Zunge nicht müßig. Und man wird dich trotz alledem von hier weg= schleppen.“

„Das nicht“, sagte der Schuster. „Wenn es nur das wäre, deswegen bin ich ohne Furcht. Diese Diebe haben auch ihre Ehre, ihre Helfer werden sie niemals verraten, auch unter dem Galgen nicht. Der eine von ihnen, der Stumme, den sie ihren Kapitän nennen, hat in Tarent die Feuerfolter ausgehalten und nichts ge= standen. Die Brandnarben in seinem Gesicht hast du gesehen.“

„Dann“, sagte die Frau völlig beruhigt, „dann löffel es aus und ich mag von nun an nichts wissen, was du in der Werkstatt mit den dreien ausmachst. Wegen deiner Seligkeit —

46

ich mein', daß Gott dir vergeben wird. Ich
weiß sogar von solchen, die Kirchen und Kapellen
beraubt haben und Gott hat ihnen vergeben,
obgleich diese Sünde sehr fluchwürdig ist und
gar nicht zu vergleichen mit der deinen. Nur
freilich, man muß bereuen und zur Beichte
gehen und gottgefällige Werke tun. Du mußt
mir Geld geben. Gleich morgen will ich in die
Heiligengeistkirche gehen, die ist die nächste,
und fragen, ob nicht die Posamente zu erneuern
sind, oder vielleicht ist eine Nische zu weißen
oder ein Glasfenster einzusetzen für eines, das
zerbrochen ist. Solche Gelegenheiten, Gott zu
gefallen, finden sich häufig und man muß sie be-
nützen. Und Kerzen vor die Bilder der Für-
sprecher und Märtyrer, daß ich das nicht ver-
gesse. Kerzen kosten nicht viel und ich weiß,
wo sie billig zu haben sind. Du mußt indeß zu-
sammenrechnen, was dir der Handel mit dem
Diebsgut eingebracht hat und die ganze Summe—"

"Eingebracht hat?" schrie der Schuster.
"Weib, du hast den Verstand verloren! Nichts
als Trödel hat er mir eingebracht und das
meiste hab' ich in den Kehricht geworfen. Nichts
als zerbrochenen Kram bringen sie mir, heute
wieder eine Streusandbüchse, was fang' ich mit

47

einer Streufandbüchse an? Und zwölf Scudi
wollen fie haben, haft du das gehört? Wert
ift der ganze Plunder keine zwei. Das Pferdegeschirr, das ift noch das befte Stück, wart'
einmal —"

Er ging in die Werkftatt, um das geftohlene
Pferdegeschirr zu besehen, aber gleich darauf
kam er sehr verdutzt zurück:

"Sie haben es wieder mitgenommen, das
hab' ich gar nicht einmal gesehen. Für die
Maultiere war es ohnehin zu schwer und außerdem war das Leder zerriffen. Zwölf Scudi, was
denn nicht noch! Geld willft du haben? In
Gottesnamen! Kauf' Kerzen und laß' tünchen."

Und er ging über die Truhe, in der er
zwischen Lederabfällen, Messingknöpfen, Glas-
scherben, Holzftiften und zerbrochenem Geschirr,
in einem Tuchlappen eingehüllt, sein Geld verwahrte, und holte einen ftark beschnittenen päpft-
lichen Dukaten und einige Silberftücke hervor.

"Hier sind fünfzehn Scudi", sagte er. "Hole
der Henker die Spitzbuben und alle Galeeren
und überhaupt die Sünden! So wird man um
sein bischen Geld gebracht."

Die Frau nahm die fünfzehn Scudi und behielt sie in der offenen Hand.

48

„Du haft deine Sünde und ich habe die meinige", seufzte sie, während der Schufter die Truhe verschloß. „Schon lange war es meine Abficht, ein gottgefälliges Werk zu tun. Nur habe ich niemals gewagt, dir davon zu sagen."

Sie zögerte und blickte zu Boden.

„Nämlich, bevor ich als Magd zu dem hoch- würdigen Herrn Pfarrer ging", fuhr sie fort, „war ich Nonne und den Profeß hatte ich schon abgelegt und auch den heiligen Gehorsam ge- schworen. Und wenn die Frau Äbtiffin nicht geftorben wäre, sie bekam die Pocken —"

„Was redeft du da!" rief der Schufter, von der Truhe her verwundert. „Von welcher Äbtiffin sprichft du und von welcher Nonne und von welchem Gehorsam und von welchen Pocken!"

„Ich," sagte die Frau, „ich war die Nonne. Eine dienende Schwefter. Aber ich bin, Gott verzeih' mir die Sünde, aus dem Klofter ge- laufen."

Und um zu zeigen, daß sie die Wahrheit sprach, ging sie und holte ein Hemd und eine Nachtjacke, ein Lacken, zwei Schröpftücher, ein Buch für die Charwoche und einen irdenen Napf, die den Stempel des Klofters trugen: Einen fackelschwingenden Cherub und darüber drei Lilien.

Als der Schuster in der Nacht darauf seinen
Handel mit den Dieben in Ordnung gebracht
hatte und in die Schlafkammer zurück kam,
fand er seine Frau wach. Sie hatte Licht gemacht und die Kissen zusammengeschoben und
saß aufrecht im Bett:

„Warum schläfst du nicht?" fragte er. „Hast
du am Ende wiederum gehorcht "

„Nein, ich habe nicht gehorcht", sagte die
Frau. „Irgend einer von euch hat an die
Wand oder an die Tür geklopft. Da fuhr ich

aus dem Schlaf und meinte, ich müßte zur Matutin."

„Zur Matutin!" gähnte der Schuster und zog seinen Rock aus. „Das ist für mich hebräisch."

„Um zwölf Uhr nachts," belehrte ihn die Frau, „wird an die Türe geklopft und man muß aus dem Bett und hinauf auf den Chor, die Laudes singen. Man hat eine Nachtjacke unter dem Habit an, aber trotzdem friert man und bläst sich die Hände. Das ist die Matutin. Wenn wir um zwei Uhr wieder in unseren Betten lagen, waren wir froh."

Der Schuster löschte das Licht aus und legte sich nieder.

„Und dann," fuhr die Frau fort, „um halb sechs und im Sommer gar schon um vier hieß es wiederum aufstehen und es begann die Prim und gleich nachher kam das hochwürdigste Gut. Die Äbtissin freilich, die zeigte sich nur alle vierzehn Tage bei der Morgenandacht. Sie war alt, das ist ja wahr, aber ich wurde nicht einmal dann dispensiert, wenn man mir tags zuvor zur Ader gelassen hatte. Siebenmal im Tag mußte ich auf dem Chor singen und dazwischen gab es Ave Marias zu allen kanonischen Stunden und das Offizium und die Kapitel-

messe und die Sext und die Non und wiederum
das hochwürdigste Gut und die Litanei und
dazu noch an den Fasttagen das Miserere und
an den Marientagen die Prozession — manchmal kam ich gar nicht dazu, meine Stube rein
zu fegen."

„Wir auf den Schiffen," meinte der Schuster,
„hatten sicherlich mehr Arbeit, geschenkt wurde
einem die Wassersuppe wahrhaftig nicht. Und
die Arbeit im Pumpwerk ist etwas ganz anderes
als Litaneien singen, da spürt man seine Knochen
ordentlich, das kannst du mir glauben. Aber
das schlimmste, denk ich mir, muß das sein,
alle Tage nichts als Weiberröcke um sich zu
sehen."

„Es gab auch Männer im Kloster", sagte
die Frau. „Der Kapellan, der der Frau Äbtissin
die Beichte abnahm. Der Verwalter und dann
der Gärtner, gesegnet sei er, er war es, der
mir zur Flucht verhalf. Es war nicht leicht. Er
verlangte einen Abdruck des Schlüssels, aber ich
hatte kein Wachs."

„Wachs? Wozu Wachs?" ließ sich der
Schuster unter der Decke vernehmen. „Das
weißt du nicht, daß man aus weichem Brot,
wenn man es knetet, auch einen sehr guten

52

Abdruck machen kann? Über Nacht wird er stein-
hart. Und außerdem, ich verstehe das nicht,
es muß doch Wachskerzen im Kloster gegeben
haben."

"Wir bekamen weder Kerzen noch Lampen,
das ist es eben", erklärte die Frau. "Wenn
die Dunkelheit kam, mußten wir ins Bett. Die
Äbtissin war sehr sparsam. Auch mißtrauisch
war sie, oftmals rief sie mich und gab mir
harte Worte. Wenn ich Licht verlangt hätte,
das hätte einen schönen Spektakel gegeben."

"Ihr Weiber, ihr wißt euch auch gar nicht
zu helfen", brummte der Schuster. "Hör' einmal
und merk' es dir: Nimm ein Stück Speck und
statt des Dochtes eine alte baumwollene Nachtmütze, daraus kannst du die schönste Lampe
machen. Man muß sich nur darauf verstehen."

"Ich brauchte aber keine Lampe, sondern
Wachs", sagte die Frau. "Als die Äbtissin
starb, da brachte ich eine Wachskerze beiseite,
die war für die Exequien bestimmt und zwei
Pfund schwer. Zum Glück bemerkte niemand,
daß sie fehlte. Zwei Wochen lang behielt ich
sie bei mir und dann brachte ich dem Gärtner
den Schlüsselabdruck und er ging und kaufte
Zinn. Auch weltliche Kleider beschaffte er mir."

„Nach allem, was du da sagst,“ bemerkte
der Schuster, „war deine Flucht ein wahres
Kinderspiel. Wenn ich dir einmal erzählen wollte,
an was ich alles denken mußte und dabei hatte
ich niemanden, der mir half. Ich brauchte zum
Beispiel ein Schermesser. Denn man hatte mir,
um mir die Flucht zu erschweren, den Bart
auf beiden Seiten ungleich lang geschnitten.
Was tat ich? Nun, ganz einfach, ich stahl
dem Aufseher sein Brotmesser und mit dem
schabte ich mir, so gut es ging, den Bart
herunter.“

„Es mag, wie du sagst, nicht schwer gewesen
sein“, gab die Frau zu. „Aber Angst habe ich
genug ausgestanden. Außer dem Gärtner wußte
niemand von meinem Vorhaben, aber wenn
mich eine von den Schwestern auch nur ansah,
wurde ich schon rot. Die Klosterschwestern! Was
mag aus ihnen geworden sein? Ich habe sie
noch alle in der Erinnerung. Ob die Schwester
Monica von den sieben Schwertern noch immer
die Rechnungsbücher führt? Und die Schwester
Cyrilla von der Dreifaltigkeit, ist die endlich
doch Subpriorin geworden? Und die Schwester
Frumentia vom heiligsten Sakrament, die uns
bei Tisch aus dem Psalter vorlas, und die

54

Schwester Seraphica von der Wandlung und die Schwester Columbana von der Erscheinung Christi —"

„Hör' auf, was sind das für Namen", schrie der Schuster. „Ich lache mich scheckig. Cyrilla von der Dreifaltigkeit! — Manchmal, weißt du, wenn ich die Klosterfrauen in ihrem grauen Habit über die Straße huschen sah, hab' ich mir gedacht, es müßt' doch ein Eselsspaß sein, mit einer von denen die Kurzweil zu treiben. Und nun — sag' einmal, wie nannte man dich im Kloster?"

„Schwester Symphorosa vom ewigen Licht", sagte die Schustersfrau leise.

„Vom ewigen Licht!" krähte der Schuster, sprang aus dem Bett und lachte wie toll. Denn, daß er mit einer Frau im Bett lag, die einstmals einen so heiligen Namen geführt hatte, erschien ihm über alle Maßen spaßhaft.

Er war in guter Laune diesen Abend. Denn er hatte die drei Spitzbuben, die ihre zwölf Scudi zu holen gekommen waren, dazu gebracht, daß sie sich mit der Hälfte dieser Summe und einer Verehrung von einem Schoppen Wein zufrieden gegeben hatten.

Am Weihnachtsabend kam die Frau mit
einem Knaben nieder. Während sie am Herde
stand, überfielen sie die Wehen und sie hatte
gerade noch Zeit zu einer Nachbarin zu laufen
und sie um Beistand zu bitten. Denn der
Schuster war nicht zu Hause, er war fortge=
gangen, um Leder einzukaufen.

Als er heimkam, stand die Frau des Ge=
würzkrämers schon vor der Haustür und sagte:

„Gevatter, nimm die Mütze ab und komm
hinein. Es ist ein Knabe.“

Die Frau lag matt und schläfrig im Bett
und öffnete kaum die Augen, als der Schuster
in die Kammer trat. Das Kind war in einem
Korb gebettet worden, denn eine Wiege hatten
die Schustersleute nicht. Im Herde brannte ein
Holzfeuer, an dem die Tücher für die Wöchnerin
gewärmt worden waren, und im Kochtopf
brodelte die Abendsuppe.

„Er ist groß und stark“, sagte die Nachbarin,
während der Schuster sich über den Korb beugte.
„Es ist alles gut gegangen. Ich war gerade
dabei, die Hühner zu füttern, da kam sie über
die Gasse gelaufen. Ich sah sie nur an und
wußte schon, wie es um sie stand. ‚Hab keine

Angst!' sagte ich. „Ich hab' ihrer viere zur
Welt gebracht'. — Sieh' ihn dir an, Gevatter,
jetzt hat er die Augen offen. Mögest du Freude
an ihm erleben."

Der Schuster betrachtete den Korb und das
Kind und das weiße Linnen. Und die Nachbarin
fuhr fort:

„Aus den Weihnachtskindern werden fast
immer Priester, Männer der Kirche und oft
sehr gute Prediger und Kanzelredner. Die Oster-
kinder wieder, die sind Taugenichtse, aus denen
wird niemals etwas rechtes. Wenn Gott es
zuläßt, kann er sogar Bischof werden. Leg' täglich
etwas beiseite, Gevatter, denn das Studieren
kostet Geld."

„Er soll Schuster werden", sagte der Vater
und warf einen Blick auf seine Frau, um zu
sehen was sie davon hielt. „Die Schuster sind
keine Gottesgelehrten, das ist wahr, aber es
gibt tüchtige und wackere Männer genug unter
ihnen, die von allen, die sie kennen, geehrt
werden. Und wer zu mir mit seinen Schuhen
in die Werkstatt gekommen ist, der ist noch
immer zufrieden gewesen, außer es ist einer,
dem es niemand recht machen kann, solche gibt
es auch. Studieren — wozu! Wenn einer auch

57

kein Missale lesen kann, deswegen kann er doch
ein guter Christ sein."

Und er malte dem Knaben mit seinen un-
gelenken Fingern langsam und vorsichtig das
Zeichen des Kreuzes auf die Stirne.

Das Kind verzog den Mund und begann
zu schreien und schrie immer ärger und krümmte
sich und wurde ganz blau im Gesicht.

„Geh' fort, du Unglücksmensch!" schrie die
Frau des Gewürzkrämers. „Mußt du ihm mit
deinen pechigen Fingern ins Gesicht tappen?
Sie stinken ja nach Pech, deine Finger. Fort

mit dir, geh' in deine Werkstatt, du hast es erschreckt, es fürchtet sich vor dir."

Und sie schob den verdutzten Schuster bei- seite und nahm das schreiende Kind aus dem Korb, um es zu beruhigen.

"Sei gut zu ihm, Lippo", sagte die Frau vom Bett her mit matter Stimme. "Sei freundlich zu ihm. Und dort auf dem Herd steht die Suppe, aber gib acht, sie ist sehr heiß."

In dieser Nacht hatte der Schuster einen Traum.

Er sah sich am Meeresufer stehen, im Hafen, dort wo immer die Boote aus Termini mit ihrer Zwiebelfracht anlegten, dort stand er und hielt den Korb mit dem Kinde in den Armen. Der Hafen lag verödet da, kein Schiff, kein Kahn, kein Mensch war zu sehen, weit und breit war Stille, nur die Wogen des Meeres rollten immer wieder rauschend ans Ufer heran. Aber plötzlich sah er in weiter Ferne drei Männer, die kamen auf ihn zu, der eine vom Norden, der andre vom Süden her und der dritte kam über das Meer gefahren. Und als sie ganz nahe waren, da erkannte er, daß sie goldene Kronen trugen und goldene Schuhe,

und um die Schultern purpurne Mäntel. Und
sie warfen sich vor seinem Kinde zur Erde und
beschenkten es mit dreierlei Gaben: Nicht Gold,
nicht Weihrauch und nicht Myrrhen hielten sie
in ihren Händen, sondern der erste brachte Pech
und der zweite Schwefel und der dritte Teer.

Der Schuster erwachte und war voll Staunen
über dieses sonderbare Gesicht, das er sich nicht
zu deuten wußte. Langsam richtete er sich auf.
Das Licht des Mondes floß in die Stube und
fiel auf das Bild des heiligen Johannes des
Täufers, der den Schuster aus dem Dunkel
anzublicken schien, als wäre er zur Erde herab-
gestiegen, um mit ihm zu reden.

Eine Weile hindurch saß der Schuster aufrecht im Bett, dann kam die Müdigkeit über
ihn, die Augen fielen ihm zu, er sank zurück
und träumte weiter.

Er war nicht mehr am Meeresufer, sondern
saß auf seinem Schemel in der Werkstatt und
vor ihm auf dem Arbeitstisch lag das Leder,
der Draht und die Ahle. Da sah er, durch die
Wände des Hauses hindurch sah er es, wie von
allen Seiten Gestalten auf ihn zukamen, un-
zählige, plumpe Figuren, wie Kaufmannsgüter
aus den Schuppen im Hafen sahen sie aus, ein

60

Heer von Korn- und Reis- und Hirsesäcken von
Fässern und Schläuchen und Kisten und Ballen
kam gewandert, sie rollten und hüpften und stol-
perten und schoben sich heran, sie umdrängten
das Haus, sie klopften an die Fenster, sie stießen
an die Tür, sie polterten auf dem Dache, sie
scharrten an den Wänden, sie wollten herein und
eine Stimme erhob sich über den Wolken und rief:

„Das sind die Sünden der Welt, sie sind
gekommen, sich zu neigen vor dem, der heut'
geboren ist."

Der Schuster fuhr aus seinem Traum. Er
zitterte an allen Gliedern und der Schweiß
stand ihm auf der Stirn. Er warf einen Blick
auf seine Frau, denn auch sie mußte die Stimme
gehört haben. Aber sie lag in tiefem Schlaf.

Das Mondlicht fiel noch immer auf das
Bild des Täufers und der Schuster konnte die
mahnend erhobene Hand des Heiligen erkennen.
Noch eine Sekunde lang war das Bild von
Glanz und Schimmer übergossen und dann
verschwand es im Dunkel.

Den nächsten Tag über war der Schuster
schweigsam und in sich gekehrt. Er kochte schon

61

am frühen Morgen das Essen für sich und seine
Frau und dann blieb er in der Werkstatt und
die Frau hörte ihn das Sohlenleder klopfen,
als wäre es Werktag. Einmal kam er in die
Kammer und blickte minutenlang schweigend auf
das Kind nieder, das im Korbe lag und schlief.

Spät am Nachmittag erst, als es zu dunkeln
begann, schien er sich des Feiertags zu erinnern.
Er nahm den blauen Rock aus der Truhe, in
dem er an den Sonntagen auszugehen pflegte,
und bürstete ihn umständlich und mit viel
Sorgfalt aus. Dann trat er an das Bett
seiner Frau.

„Ich gehe, um mich nach einem Paten für
das Kind umzusehen", sagte er. „In einer
Stunde bin ich zurück. Du bleib' nur im Bett,
ich will mit der Nachbarin reden, daß sie herüber
kommt. Laß es dir nur ja nicht einfallen,
aufzustehen. Die Maultiere habe ich schon ge-
füttert."

„Den Taufpaten mußt du nicht erst suchen",
meinte die Frau. „Geh' zu dem Geflügelhändler
Scalza, in der Monserratagasse gleich gegenüber
dem großen Wassersammler wohnt er. Er hat
mir schon lange versprochen, das Kind aus der
Taufe zu heben. Das ist so gut wie abgemacht.

62

Und ein schönes Taufgeld können wir auch er-
warten, denn er ist reich. Vielleicht auch ein
paar Kapaune. Du mußt aber laut mit ihm
sprechen, er hört nicht gut. Und vor dem Hund
nimm dich in Acht, es ist ein großer, brauner,
ein sehr bissiger. Geh nicht in den Hof, bevor
man ihn nicht an die Kette gelegt hat."

Der Schuster nahm seinen Mantel und seine
Mütze und ging.

Er kannte in der Stadt einen sehr gelehrten
Mann, einen Doktor der Wissenschaften, der
lange Jahre hindurch an allen Schulen studiert
hatte. Und von weit und breit kamen Leute in
Kaleschen vor sein Haus gefahren, um sich bei
ihm Rat zu holen. Zu diesem berühmten Mann
nahm der Schuster seinen Weg und da er
seinen blauen Sonntagsrock anhatte, so zögerte
er nicht, in das Haus einzutreten.

Der Arzt saß in einem scharlachenen Rock an
einem Tisch, auf dem, zwischen zwei brennenden
Kerzen, Bücher und Schriften und eine Perücke
lagen, und auf seinem kahlen Schädel saß ein
Käppchen aus rotem Samt. Er hatte ein
Fläschchen in der Hand und schüttelte es und
hielt es an's Licht. Als der Schuster eintrat
und bei der Tür stehen blieb, sah er nur flüchtig

nach ihm hin. Dann winkte er ihm, näher zu
kommen.

„Was fehlt dir?“ fragte er. „Wo sitzt der
Schmerz?“

„Euer Gnaden —“ stotterte der Schuster
und dann schwieg er, um sich zurecht zu legen,
was er weiter sagen wollte.

Nun blickte der Doktor auf und merkte, daß
er einen großen, gesunden und starken Mann
mit rotem vollem Gesicht vor sich hatte. Und
er fragte weiter:

64

„Wo haſt du den Kranken? Warum haſt
du ihn nicht gleich mitgebracht? Liegt er zu
Bett?"

„Meine Frau," ſagte der Schuſter, „ja, die
liegt im Kindbett. Aber die Nachbarin, die iſt
ohnehin bei ihr, die Frau des Gewürzkrämers
nämlich. Und morgen denk' ich, wird ſie ſchon
aufſtehen und ihre Arbeit verrichten können."

„Was mit dem Kranken iſt", unterbrach
ihn der Arzt und griff wieder nach ſeinem
Fläſchchen.

„Ich, Euer Gnaden, ich habe heute nachts,
ſchon mehr gegen Morgen, ein Geſicht gehabt
und Euer Gnaden ſollen es mir deuten. Dazu
bin ich gekommen", meinte der Schuſter.

„Was haſt du heute nachts gehabt?"

„Einen Traum", wiederholte der Schuſter.
„Und Euer Gnaden ſollen ihn mir deuten."

Der Arzt ſtellte das Fläſchchen wieder auf
den Tiſch.

„Guter Freund," ſagte er, „du haſt an die
falſche Tür geklopft. Träume auszulegen, das
hab' ich nicht gelernt."

Der Schuſter ſah wohl, daß der gelehrte
Mann nicht die Wahrheit ſprach. Denn das
Zimmer war voll von Geheimniſſen. Allerorten

gab es seltsam geformte Flaschen, in einer Ecke
stand mit drohend erhobener Hand ein Toten-
gerippe und auf dem Tische lag, grünlich schillernd,
der Stein der Weisen. Und gedruckte Bücher
gab es in ganzen Stößen und wer die alle
gelesen hatte, der mußte auch Träume auslegen
können.

„Euer Gnaden meinen vielleicht, daß ich
keinen Dreier in der Tasche habe", gab der
Schuster zur Antwort. „Es ist möglich, daß ich
so aussehe. Aber ich kann bezahlen, was es
kostet. Und den Traum hat mir der heilige
Johannes geschickt."

„Hör mich einmal an!" sagte der Doktor.
„Ich bin Arzt, verstehst du das? Lauf' die Treppe
hinunter, fall' hin und brich' dir die Rippen
und du sollst sehen, wie ich dich wieder zu-
sammenflicken werde. Das habe ich gelernt, das
verstehe ich. Aber mit deinen Träumen laß mich
zufrieden! Und damit pax und benedictio
und jetzt geh' deiner Wege!"

Und er schlug, ohne den Schuster weiter zu
beachten, ein Buch auf, zog die Kerzen näher
an sich heran und begann zu lesen.

„Die Pest über dich! Möge dich Gott an
Leib und Seele verderben", murmelte der

66

Schuster, erboſt über ſoviel Schlechtigkeit, weil
ihn der Arzt die Rippen brechen hieß. Und
dann drehte er ihm den Rücken und ging.

Außerhalb der Stadt, eine Wegſtunde etwa
hinter dem Pancratiustor, wohnte ein alter
Bauer, der denen, die zu ihm kamen, gegen
Bezahlung eines kleinen Lorbeertalers oder
dreier Scudi Heilmittel gegen die Krankheiten
ihrer Tiere verſchrieb, und in der heiligen
Schrift war er auch bewandert. Dieſen Mann
ſuchte der Schuster auf und berichtete ihm von
dem Traum, den ihm St. Johannes der Täufer,
geſendet hatte.

„St. Johann der Täufer, ſchickt keine Träume“,
wies ihn der bibelkundige Mann zurecht. „Er
hat im Himmel ein anderes Amt. Er wird
von denen, die an der Waſſerſucht leiden, um
Fürſprache angegangen und außerdem hat er
die Rinderzucht in ſeinen Schutz genommen.
Wenn dir ein heiliger Johannes einen Traum
geſchickt hat, ſo kann dies nur der Presbyter
Johannes geweſen ſein. Man möchte es nicht
glauben, die Leute verwechſeln alles, ſogar die
Heiligen.“

5*

Er sprach durch die Nase. Das war ihm von den Pocken zurückgeblieben.

„Mag es dieser Johannes oder ein anderer gewesen sein", meinte der Schuster. „Ich weiß nicht, welcher Johannes es eigentlich war. Er

hängt in meiner Stube und ich sehe ihn alle Tage."

Und er begann dem in der christlichen Lehre erfahrenen Mann von seinen Traumgesichten zu erzählen, von den drei Königen und ihren Geschenken, von der unendlichen Schar der kopflosen Gestalten, die zu seinem Hause ge-

68

pilgert waren, und von der Stimme, die sich
über den Wolken erhoben hatte.

Der alte Mann stand auf und zog einen
Kochtopf vom Herdfeuer fort, denn die Milch
wollte übergehen. Als er zurückkam, schlug er
ein Kreuz und sagte:

„Pech, Schwefel und Teer, so steht es geschrieben. Erfahre, Schuster, daß die drei
Männer, die du gesehen hast, die Fürsten der
Hölle waren. Du hast geträumt einen Traum
vom Antichrist."

„Vom Antichrist", stammelte der Schuster.
Er wurde bleich, versuchte aufzustehen, fiel zurück und starrte den alten Mann aus weit
aufgerissenen Augen an.

„In den Büchern steht es geschrieben", fuhr
der Alte mit näselnder Stimme fort. „Und der
Presbyter Johannes hat es vorhergesagt: Der
Antichrist wird geboren werden, der große
Lügner und falsche Prophet, und wird Zeichen
tun und Wunder verrichten. Viele Seelen wird
er betören und die Gläubigen werden ihm zu-
laufen von allen Enden der Welt. Dann wird
er sich erheben als das Haupt geheimer Bünd-
nisse und wird das Reich der christlichen Könige
zerstören und der heiligen Kirche unnennbaren

Schaden tun. Und nach ihm wird kommen
Krieg und Aufruhr und Plünderung und
Pestilenz, denn Gott wird die sieben Schalen
seines Zornes über die Menschheit gießen."

„Und wie," fragte der Schuster und nahm
alle Kraft zusammen, „wie kann ein katholischer
Christ diesen falschen Propheten und Feind der
Kirche erkennen?"

„Daran wird man ihn erkennen, daß er
geboren ist am heiligen Weihnachtsabend wie
Christus, unser Herr. Und sein Vater wird ein
entsprungener Mörder sein und seine Mutter
eine entlaufene Nonne, so ist es verkündet und
so steht es geschrieben."

Der Schuster sagte kein Wort. Der Alte
nahm den Milchtopf vom Herd und tat einen
Schluck und die weißen Tropfen blieben an
seinen Bartstoppeln hängen.

„Nur der Presbyter Johann kann dir diesen
Traum geschickt haben", begann er dann von
neuem. „St. Johann, der Täufer, und Sankt
Johann, der Presbyter, das ist nicht dasselbe.
Glaubwürdigen Berichten zufolge leben die
Beiden im Himmel nicht in Eintracht miteinander.
In der Gemeinschaft der Heiligen sehen sie
einander kaum an und mehr als einmal haben

70

sie unter den Augen der allerheiligsten Jung=
frau und des Sohnes sogar zu streiten begonnen.
Du mußt die Beiden auseinander halten."

Dann verlangte er seinen Lorbeertaler und
erhielt ihn.

Der Schuster ging in der Dunkelheit den
Weg zurück, den er gekommen war. Sein Herz
war voll Bangigkeit. In den Ölbäumen zu
beiden Seiten der Straße rauschte der Wind
und der Himmel war voll Wolken, die hatten
die Farbe von Schwefel, Pech und Teer. Und
sie jagten dahin, als wollten sie in alle Welt

die Botschaft tragen, daß im Hause des Schusters
in der Detturinergasse der Antichrist geboren sei.

Daheim fand der Schuster die Nachbarin in
der Stube, die gab ihm Zeichen, er möge stille
sein und auf den Fußspitzen gehen, denn die
Wöchnerin war soeben eingeschlafen. Und das
Kind, vor dem die Sünden der Welt sich neigten,
lag in einem hölzernen Zuber und die Nachbarin
rieb ihm die Haut mit Unschlitt ein.

An einem Donnerstag wurde das Kind ge-
tauft und tags darauf ging die Schustersfrau
mit dem Wassereimer in die Werkstatt, um den
Boden zu scheuern. Der Schuster saß auf seinem
Schemel, aber er arbeitete nicht und die Frau
blickte ihn voll Sorge an, denn schon seit Tagen
hatte er kein Wort gesprochen, fortwährend saß
er und stierte vor sich hin und sie wußte sich
sein verändertes Wesen nicht zu erklären.

Sie tauchte den Scheuerlappen in den Eimer
und während sie ihn auswand, begann sie ver-
schiedene Neuigkeiten zu erzählen, die ihr in den
letzten Tagen zu Ohren gekommen waren, weil
sie meinte, auf diese Art den Schuster zum
Sprechen bringen zu können.

72

„Drüben der Kornhändler will sein Haus
niederreißen und ein neues, viel größeres
bauen", sagte sie. „Der weiß auch nicht, wohin
mit seinem Geld. Was allein die Maurerarbeit
an dem Hause kosten wird."

Der Schuster erwiderte nichts und die Frau
rieb mit der Bürste und dem Scheuerlappen
den Fußboden und fuhr fort:

„Man hört jetzt wieder soviel von Dieb-
stählen in den Magazinen und die Backöfen
werden auch geplündert und da gibt es Wächter
und Aufseher und Kommissionen und es hilft
alles nichts: die armen Leute nehmen sich ihr
Brot, wo sie es finden, und sie haben recht.
Denn die Ernte war gut, weil die Witterung
gut war, und die ganze Teuerung haben nur
die Wucherer hervorgerufen. Auf den Safran
will man jetzt eine neue Steuer legen, die Frau
des Gewürzkrämers hat es mir gesagt."

Der Schuster schwieg und die Frau wurde
immer unruhiger, immer schwerer wurde ihr
um 's Herz. Und da sie kein anderes Mittel
sah, ihn aufzuheitern, so begann sie von
der Taufe zu sprechen, denn sie meinte, es
müßte ihm doch Vergnügen machen, davon zu
hören.

„Wirklich, das ganze Diertel ist in der Kirche
gewesen", erzählte sie. „Es waren mehr als
hundert Leute, freilich, gezählt habe ich sie nicht.
Auch der Marchese Caraffa war da, der mit
dem goldenen Kreuz und dem roten Band, er
ist Ritter des St. Januariusordens. Man hat
mir ihn gezeigt. Aber vielleicht war er gar
nicht unseretwegen dort, sondern nur, weil er
alle Tage in die Immaculatakirche geht, er
kennt uns ja gar nicht, oder kennst du ihn
etwa? Es heißt, daß der König in diesem Jahr
ihn zum heiligen Vater schicken will mit dem
Prachtschimmel und den siebentausend Dukaten.
Dann, wer noch dort war: der Schneider! Der
Schneider aus der Kapuzinergasse, der, mit dem
du Streit gehabt hast, einen Fleckenmauser hast
du ihn genannt. Der war auch in der Kirche.
Er meinte, daß ich ihn nicht sehen könne, weil
er sich in den Winkel drückte, aber ich hab' ihn
genau gesehen. Müde war ich, beinahe wäre ich
stehend eingeschlafen."

Und ihre Gedanken glitten in die Schlafkammer zu ihrem Kind, sie hielt das Scheuertuch in der Hand und vergaß die Arbeit und
das Wasser floß in dünnen Bächen über den
Fußboden.

74

„Er schläft", sagte sie. „Ich hab' ihm zu trinken gegeben und jetzt liegt er in seinem Korb und schläft. Ist es nicht sonderbar, daß wir jetzt plötzlich zu dritt sind?"

Der Schuster blickte stumm zu Boden und gab keine Antwort.

„In drei oder vier Jahren wirst du ihn über die Gasse um Schnupftabak schicken", plauderte die Frau weiter. „Die Zeit vergeht rasch. — ,Für den Vater fünf Lot Marokko, aber vom besten' — wird er sagen, ich höre ihn schon. Heute kann er nur zum Schreien den Mund aufmachen. Das Licht mag er nicht. Das mußt du dir anschauen, wie er die Augen zudrückt, wenn ihm die Sonne ins Gesicht scheint, mittags. In drei Wochen ist ihm vielleicht schon der Korb zu klein, ich muß mich bald nach einem andern umsehen. Lichte Haare hat er und seine Augenbrauen sind auch ganz licht."

„Wenn er tot ist, will ich ihm eine schöne Vigilie singen lassen", sagte plötzlich der Schuster.

Erschrocken fuhr die Frau in die Höhe und das nasse Scheuertuch fiel klatschend auf den Fußboden nieder.

„Gott steh' mir bei, was redest du da!"
rief sie. „Mit solchen Dingen treibt man doch
keinen Scherz. Ich weiß nicht, wie du auf
solche Gedanken kommst. Eine Vigilie! Gott
behüte, nicht einmal den Kopfgrind darf er
bekommen."

Mit einem leisen Schrei erwachte die Frau
in der Nacht aus dem Schlaf, sie hatte im
Traum die Vigilie singen gehört, drei klagende
Stimmen, und zwei Männer hatten den Sarg
getragen, und den traurig-grünen Friedhofsrasen
hatte sie gesehen und die feuchte Erde des frisch-
geschaufelten Grabes. Und froh darüber, daß
dies nur ein Traum gewesen war, wurde sie
munter und richtete sich auf. Ein Lichtschein fiel
in ihr Gesicht und sie sah den Schuster in der
Mitte der Stube stehen, mit dem Kerzenlicht in
der einen und einem Kopfkissen in der anderen
Hand. Und wie er so dastand, bleich, vornüber-
geneigt, mit weit geöffnetem Mund und die
Augen starr auf das schlafende Kind gerichtet,
da beschlich sie ein leises Gefühl der Angst. Noch
begriff sie nicht, was dies zu bedeuten hatte,
doch die Worte, die sie am Morgen aus

76

seinem Munde gehört hatte, und ihr Traum
und das Kopfkissen in seiner Hand, das alles
erfüllte sie mit einer unbestimmten Furcht und
Bangnis.

„Was tust du da?" rief sie. „Es ist noch
dunkel, warum bist du aufgestanden?"

Der Schuster wandte ihr sein Gesicht zu und
sah sie mit zornigen Augen und gefurchter
Stirn an.

„Bleib' im Bett und rühr' dich nicht!"
sagte er. „Geschehen muß es, was hilft das
Reden."

„Was muß geschehen?" schrie die Frau auf.
„Gott sei mir gnädig, was hast du vor, was
willst du mit dem Kissen?"

„Gott weiß davon. Und du misch' dich nicht
in seine Sachen", herrschte sie der Schuster an.
„Bleib' im Bett, sag' ich dir, und frag' nicht
weiter, denn geschehen muß es."

Im Augenblick war sie aufgesprungen und
trat zwischen ihn und das Kind. Ein kalter
Luftzug strich durch die Stube und das Licht
in der Hand des Mannes flackerte. Eine Minute
lang standen sie schweigend, Brust an Brust,
einander gegenüber. Dann wandte sich der
Schuster ab.

„Es ist kalt", murmelte er. „Ich bin auf-
gewacht, weil es so kalt war. Ich dachte, er
könnte frieren, da stand ich auf und wollte ihn
zudecken."

Er ließ das Kissen zu Boden fallen und
ging zurück in sein Bett.

Die Frau aber hatte in seinem Gesicht die
furchtbare Wahrheit gelesen.

Und an allen Gliedern zitternd ging sie hin
und hob das Kind aus dem Korb und trug es
in ihr Bett, und die ganze Nacht hindurch hielt

sie es an sich gedrückt und die ganze Nacht hindurch schloß sie kein Auge.

In der Früh verließ der Schufter das Haus und ging hinunter zum Hafen, um die drei Diebe zu suchen, denn er hatte mit ihnen zu reden.

Es war ein kalter und nasser Tag, der Regen floß in Strömen vom Himmel, in den Gassen

sah man nur wenige Leute und die hatten es eilig, unter ein Dach zu kommen. Die Weinhäuser und die Garküchen waren voll Menschen

und der Schuster ging in die „Windrose" und
ins „Schnepfenei" und von dort in die „Schiffs-
treppe", in den „Bacchustempel", in die „Blaue
Taube" und in die „Insel Corsica", überall hielt
er Nachschau, aber erst spät am Nachmittag
fand er, völlig durchnäßt, die Drei im „Onkel
Pasquale", einer kleinen Dorstadtschenke, in der
die Bauern, die vom Markte kamen, einzukehren
pflegten.

Der Nobile und der Abbate saßen abseits
von den übrigen Gästen in einem Winkel und
spielten Karten miteinander in der Hoffnung,
daß einer von den Bauern an dem Spiel Gefallen finden und den Dritten machen werde,
denn sie brauchten Geld. Der stumme Kapitän
saß, den Kopf in die Hände gestützt, bei ihnen
am Tisch und schien zu schlafen. Und der Schuster
setzte sich zu ihnen und sah dem Spiele zu und
eine Weile hindurch sagte er nichts als etwa:
„Stich mit dem König!" oder: „Das Schellenaß
gib zu!" Und so verging eine Stunde, bis endlich
der Regen nachließ und die Bauern, einer nach
dem anderen, ihre leeren Körbe nahmen und
sich auf den Weg machten.

Dann, als die Schenkstube beinahe leer war,
warf der Abbate die Karten hin, denn er konnte

80

sich leicht denken, daß der Schuster nicht ihres
Spieles halber seine Arbeit liegen gelassen hatte
und zu ihnen ins Wirtshaus gekommen war.

„Bringst du Geld, Schuster?" fragte er,
„Ich habe heute für nichts anderes Ohren, als
wo Geld zu holen ist. Wenn du das weißt,
so red' und wenn nicht, so troll' dich!"

„Geld, ja!" flüsterte der Schuster und sah sich
verstohlen um, ob kein anderer ihn hören konnte.
„Geld genug. Vierzig Scudi sind zu holen."

„Vierzig Scudi!" kicherte der Abbate vergnügt. „Hören Sie, Sir Thomas, vierzig Scudi.
Ich und mein ehrenwerter Freund, Sir Thomas,
wir haben seit zwei Tagen keinen kupfernen
Fledermauspfennig im Beutel und auch der
Kapitän hat die Taschen leer. Und wir mußten
dasitzen und diesen betrunkenen Bauern zusehen,
die soffen und schlemmten wie die Maulesel-
treiber. Und keiner von ihnen war so groß-
mütig, uns einen Schoppen Wein anzubieten.
Die können auch nur im Wirtshaus sitzen und
mit den Fäusten auf den Tisch schlagen und bei
Christi Leichnam schwören, das ist ihr ganzes
Christentum —"

„Genug geschwätzt", gurgelte der Engländer.
„Schuster, was ist's mit den vierzig Scudi?"

„Hier sind sie", sagte der Schuster und
wies auf seine Tasche. „Hier, ich habe sie mitgebracht. Nur, das eine noch, es ist eine
kleine Arbeit zu verrichten, nämlich, bevor ich
zahle —"

Wiederum blickte er scheu um sich und dann,
als er dessen sicher war, daß niemand herüber
sah, machte er unter dem Tisch die Geste des
Zustoßens und dabei zitterte ihm die Hand und
seine Stirne war feucht von Schweiß.

Der Nobile sah den Abbate an und der
Abbate den Nobile, sie nickten einander zu und
begannen zu lachen und der Abbate kicherte
vergnügt:

„Verstehen Sie, Sir Thomas? Der Schuster
hat eine Frau und die Frau hat einen Liebhaber und der Liebhaber soll nun drei Zoll
Eisen bekommen, damit jeder seinen Teil am
Hochzeitsfladen hat. Schuster, sag' mir das
eine: Ist es ein Edelmann? Dann ist es für
unseren Kapitän eine Sache, denn der kann
fechten wie der Teufel."

Der Schwarzgekleidete hob langsam den
Kopf und blickte den Schuster forschend an.

„Unser Kapitän", fuhr der Abbate fort,
„ist selbst von Adel, ich weiß nicht mehr aus

82

welchem hochvornehmen Haus in Pisa oder Florenz. Und mit dem Stoßdegen kann er umgehen wie du mit deiner Ahle."

Der Schuster schüttelte den Kopf.

„Der, um den es sich handelt, ist kein Edelmann", sagte er. „Nein, er ist von sehr gewöhnlicher Herkunft."

„Dann ist es nichts mit dem Stoßdegen", meinte der Abbate. „Mit dem Pöbel schlägt sich unser Kapitän nicht. Schuster, ich will dir für vierzig Scudi ein Pulver geben, wenn einer das schluckt, ist er dahin und kein Arzt wird etwas finden können. Sublimierter Mercurius, ein weißes Pulver, es sieht aus wie Salz. Am besten ist's, du gibst es ihm in einer Hühnerpastete."

„Er ißt keine Hühnerpastete", sagte der Schuster leise.

„Also in einem Eierkuchen", schlug der Abbate vor.

„Eierkuchen ißt er auch nicht."

„Dann, zum Henker, du Narr, schütt' es in ein Glas Wein und die Sach' hat ein Ende."

„Er trinkt auch keinen Wein."

„Wie?" rief der Abbate. „Er trinkt keinen

Wein? Hat sich deine Frau am Ende mit einem
Türken vergessen?"

„Mag es wer immer sein", gurgelte der
Engländer. „Laß' mich die vierzig Scudi sehen,
so soll er seinen Teil bekommen. Mohr oder
Türke oder Zigeuner, ich muß nur wissen, wo
er zu finden ist."

„Wenn ihr heute nachts in mein Haus
kommt, so will ich ihn euch zeigen", sagte der
Schuster. „Die Tür werde ich offen lassen. Aber
es muß im Augenblick geschehen sein, ihr dürft
nicht lange fragen, denn meine Frau —"

„Gib nur die vierzig Scudi her!", fiel ihm
der Abbate ins Wort. „Zähl' sie uns auf den
Tisch! Du wirst sehen, er wird keine Zeit haben,
seinen Namen zu nennen. Er wird gar nicht
dazukommen, zu sagen: Ich bin der und der.
— Ist er groß von Statur oder klein?"

„Klein, sehr klein", sagte der Schuster traurig.
„Glaubt mir, ihr werdet wenig Mühe mit ihm
haben. Ach, ich hätte es selbst getan, aber, weiß
Gott, ich brachte es nicht über mich."

„Klein oder groß", sagte der Abbate. „An
dem vereinbarten Preis ändert das gar nichts.
Manchmal, weißt du, sind die kleinen Fische am
allerschwersten zu fangen."

84

Von der Stunde an, in der es ihm zur
Gewißheit geworden war, daß er bestimmt und
auserfehen fei, die Menschheit vor ihrem schlimmsten
Feind, dem Antichrift, zu erretten — von dieser
Stunde an war der Schufter in fortwährender
Erregung gewefen, denn der Gedanke, daß er
an feinem eigenen Kind zum Vollftrecker des
göttlichen Willens werden follte, ließ ihn er-
schauern. Und weil er fürchtete, der Angft,
der Schwermut und der Zaghaftigkeit zu er-
liegen, hatte er fich die drei Diebe als Helfer
genommen. Und nun, da die Sache nicht
mehr in feinen Händen lag, war ihm leichter
zu Mut.

Nur das eine blieb ihm noch zu tun übrig,
er mußte feiner Frau die Wahrheit über das
Kind, das fie geboren hatte, fagen. Es durfte
ihr nicht länger verborgen bleiben, daß fie in
ihrer Schlaffammer das Verderben der Welt
mit ihrer Liebe behütete und aufzog. Und wenn
fie die Wahrheit erfahren hatte, dann mußte
fie gutheißen und geschehen laffen, was nach
dem Ratfchluß Gottes geschehen mußte, daran
zweifelte der Schufter nicht. Denn fie war ihm
immer eine gehorfame Frau gewefen, ftets

85

hatte fein Wort im Haufe gegolten und
niemals hatte es zwifchen ihnen einen Streit
gegeben.

Als er heimkam, war es dunkel in der
Werkftatt, aber in der Schlafkammer brannte
Licht. Die Frau hatte Waffer auf dem Herbe
gewärmt, denn fie wollte das Kind baden.
Sie nahm es aus den Windeln und hob es in
die Höhe und dabei gab fie ihm hundert fonder-
bare und zärtliche Namen:

„Was hab' ich denn da?" fagte fie und
warf getrocknete Kamillenblumen ins Waffer,
weil die gut für den Haarwuchs find, und eine
Handvoll Fenchelfamen, denn der verhütet die
Krätze. „Was hab' ich denn da? Eine kleine
Eichkatze hab' ich da, eine Grasmücke, einen
Kuckuck. Halt' ftill, oder ich fag' dir, ich laffe
dich fallen."

Der Schufter hielt fich in der Nähe des
Herdfeuers, denn feine Kleider waren vom
Regen naß. Es fchien ihm an der Zeit, feiner
Frau die ganze Wahrheit zu fagen, aber er
wußte nicht, wie beginnen, und ihre fröhlichen
Worte fielen ihm fchwer auf's Herz. Und wie
er fo daftand, fchien es ihm, als wären die
Augen des Kindes auf ihn gerichtet, ein Schauer

86

überlief ihn, er wandte sich ab und murmelte verstört:

„Er ist es. Der Heilige hat mich nicht belogen. Er ist es. Wie er mich ansieht! Das Geheimnis der Ruchlosigkeit regt sich schon in seinen Augen."

„Eine kleine, nackte Schnecke hab' ich da", sagte die Frau zum Kind. „Einen Fisch, eine Maus, eine nasse Wassermaus."

„Wehe, warum hat Gott uns beide zusammengeführt", stöhnte der Schuster. „Geoffenbart sind unsere Sünden in diesem Kind."

„Das ist ein Spaß", plauderte die Frau und goß dem Kinde Wasser über den Rücken. „Möchtest gerne lachen und kannst es noch nicht, aber die Finger, die kannst du schon bewegen. Du willst Wasser trinken? Laß' das, sag' ich dir, laß' das, du Eselchen, du kleines."

Die Zeit verlief und der Schuster nahm seinen Mut zusammen.

„Nimm das Kind aus dem Wasser", sagte er mit heiserer Stimme. „Nimm es und sag' ihm Lebewohl. Nun muß geschehen, was Gott über uns verhängt hat."

„Mein Eselchen, mein kleines", stammelte die Frau zu tiefst erschrocken und hob das Kind

aus dem Bad und preßte es an sich und eine
lähmende Angst stieg in ihr empor.

„Wisse", sagte der Schuster und atmete tief
auf, „daß das Kind, das du in deinen Armen
hältst, der Antichrist ist. Daran ist nicht zu
zweifeln. Als Sohn eines Mörders und einer
entlaufenen Nonne ist er zur Welt gekommen,
so wie es seit langem vorhergesagt ist. Leider,
es ist so. Ich selbst habe mit meinen Augen
die heiligen Bücher gesehen, in denen das alles
geschrieben steht. Er muß hinweggetan werden
oder es kommt unnennbares Elend über den
Glauben und über Gottes heilige Kirche."

Die Frau hatte von alledem nichts verstanden, sie wußte nur, daß von ihrem Kinde
die Rede war und daß der Schuster etwas
Schlimmes im Sinne hatte.

„Komm' mir nicht nahe!" fauchte sie. „Ich
sag' dir das eine, rühr' es mir nicht an!"

„Es hilft nichts", sagte der Schuster traurig.
„Glaub' mir, auch ich möchte vor Kummer
vergehen. Aber um unseres Seelenheiles willen
muß es getan sein."

„Bleib', wo du stehst!" fuhr ihn die Frau
an. „Ich leid' es nicht, daß du es anrührst."

„Du leidest es nicht?" rief der Schuster und

geriet in Zorn. „Wer hat denn hier zu reden
überhaupt, du oder ich? Wer schafft das Brot
und wer zahlt die Steuern und wer müht und
plagt sich den ganzen Tag mit dem Draht und
dem Leder?"

„Und wer kocht?" schrie sie zurück, „und
wer fegt und wer flickt und wer hält das Haus
in Ordnung und wer füttert die Maultiere?"

Sie standen atemlos einander gegenüber
und dann sah die Frau die Zornadern auf des
Schusters Stirne und kam zur Besinnung und

erkannte, wie schwach sie war und daß sie mit
Gewalt nichts gegen ihren rasenden Mann ver-
mochte. Und so versuchte sie es mit guten
Worten.

„Hör' mich an," bat sie, „und sei nicht
zornig. Wie man zum heiligen Kreuz bittet und
zur Hostie und zum Tabernakel, so bitte ich dich:
Hab' Erbarmen mit ihm, um Gotteswillen,
was willst du ihm denn tun, er ist ja auch
ein Mensch wie du und ich und noch so klein."

„Weib!" rief der Schuster. „Hat dich denn
Gott mit Blindheit geschlagen, daß du denn
Antichrist nicht erkennst? Daran schon solltest
du ihn erkennen, daß er am Weihnachtsabend
in die Welt gekommen ist, als unser Kind,
als der Sohn eines Mörders und einer entlaufenen Nonne, denn genau so ist es in den
alten Schriften vorhergesagt worden. Gelobt
sei Gott, daß er mir seinen Heiligen geschickt
hat, um mir den rechten Weg zu zeigen, diesen
Johannes da."

„Dieser Johannes? Das ist mir ein schöner
Heiliger. Sein Leben lang ist er eine Läster-
zunge gewesen, allen Leuten hat er Böses
nachgesagt und es hat auch kein gutes Ende
mit ihm genommen."

90

„Du irrst dich in seiner Person", meinte der Schuster. „Er ist nicht der Johannes, den du meinst, sondern ein anderer, ich hab' sogar gewußt, welcher. Und dieses Kind ist so gewiß der Antichrist —"

„Er mag der Antichrist sein!" rief die Frau verzweifelt, „aber er ist mein Sohn, ich habe ihn geboren und um nichts in der Welt —"

„Stille!" sagte der Schuster und horchte auf. „Ich glaub', da sind sie. Ja. Sie sind ge= kommen."

Die Tür öffnete sich und die drei Diebe traten in die Stube.

Zu allererst kam der Engländer mit dem Federhut und der Perücke, er hielt den bloßen Degen in der Hand und spähte umher, aber er gewahrte nur den Schuster und die Frau und das Kind und sonst keine Menschenseele. Hinter seinem Rücken kam der kleine Abbate zum Vorschein und mit ihm zugleich drang ein Geruch von gekochtem Stockfisch in die Stube.

Der Dritte, der stumme Kapitän stand an den Türpfosten gelehnt. Er hielt die Arme über die Brust gekreuzt und blickte zu Boden und sein bleiches Gesicht blieb im Schatten verborgen.

„Schuster, wo hat sie ihn hingetan?" kicherte der Abbate. „Er soll nur hervor kommen. Ich tu' ihm nichts, ich bin nur mitgekommen, um ihn zu absolvieren."

Die Speckschwarten, die von der Decke herabhingen, gaben seinen Gedanken eine andere Richtung.

„Zu essen habt ihr genug", meinte er. „Damit könnt' ihr bis in den April hinein auskommen."

Die Frau hatte ihr Kind eilig in ihr Bett gelegt. Sie sah, daß sie jetzt vier Männern gegenüberstand und der Zorn der Verzweiflung kam über sie. Sie blickte sich nach einer Waffe um und fand das Küchenbeil, das lag noch auf dem Herd, weil sie am Nachmittag Holz gespalten hatte.

„Ihr Bösewichte!" rief sie. „Ihr seid auch wieder da? Gibt es denn keine Schandtat, bei der ihr nicht dabei sein müßt? Ihr Galgen= vögel, packt euch! Um Gotteswillen, so geht doch, was hat euch denn mein Kind getan?"

„Du schweig'!" sagte der Abbate sehr von

oben herab. „Von dir hört man schöne Sachen. Deinem Mann haft du die Treue geschworen und jetzt findet er dich bei einem Andern und dabei unterstehst du dich noch, die Ehrbare zu spielen. Pfui über solche Weiber! Wo hast du deinen Liebhaber? Heraus mit ihm!"

Die Frau stand ganz verdutzt und wußte nicht, was sie dazu sagen sollte. Und der Schuster bekam einen roten Kopf.

„Was sind das für schimpfliche Worte?" fuhr er den Abbate an. „Du solltest dich schämen, so zu reden. Gib acht, daß ich dir nicht den Buckel voll dresche. Meine Frau hat keinen Liebhaber, wer das sagt, der lügt. Ich weiß von keinem."

„Wie?" rief der Abbate. „Und du hast nicht selbst gesagt, daß du sie mit einem schwarzen Mulatten im Bett angetroffen hast, die Ehrvergessene, und noch dazu mit einem Beschnittenen, der kein Schweinefleisch ißt."

„Davon hab' ich kein Wort gesagt", knurrte der Schuster. „Mir scheint, du willst Prügel haben."

„Genug geschwätzt", sagte der Engländer und warf seinen Federhut auf den Tisch. „Wir sind da, um ihn vier Schuh tief unter die Erde

zu bringen, mag er nun bei deiner Frau gelegen
sein oder bei einer anderen. Wo hast du ihn?
Ich seh' ihn nicht."

Der Schuster atmete tief auf und dann
drehte er sich um und wies mit der Hand auf
das Kind, das lag bei all dem Lärm ruhig
schlafend im Bett und an seiner Wange hing
noch vom Bade her ein feuchtes Kamillenblatt.

„Hier ist er", sagte er.

Der Abbate machte ein erstauntes Gesicht
und der Engländer stand mit dem bloßen Degen
in der Faust und sah darein, als hätten ihm
die Hühner sein Frühstückbrot weggetragen.

„Ein Kind", gurgelte er.

„Ein Kind", meckerte der Abbate.

Der Schuster seufzte. Die Frau stand an
allen Gliedern zitternd vor dem Bett und war
bleich wie der Tod, aber das Beil hielt sie mit
beiden Händen fest umklammert.

Der stumme Kapitän richtete sich langsam
auf und machte einen Schritt vorwärts. Jetzt stand
er im Licht des Herdfeuers. Mit seinen dunklen
Augen sah er unverwandt die Frau an und in
seinem bleichen Gesicht regte sich kein Muskel.

Der Engländer fand endlich die Sprache
wieder.

94

„Was, zum Teufel, denkt er sich bei alledem, Don Cecco?" fragte er.

„Ich mein', daß wir bezahlt sind, Sir Thomas",
gab der Abbate zurück. „Und etwas anderes
hat uns nicht zu bekümmern."

„Das ist ein recht verdrießliches Geschäft,
Don Cecco", kam es unter dem roten Schnauzbart hervor.

„Ihr sollt nicht lange fragen, wie und
warum, so ist es ausgemacht", rief der
Schuster. „Ihr sollt tun, was ich euch auf-
getragen hab'. Die vierzig Scudi habt ihr
eingesteckt."

Der Engländer würdigte den Schuster keines
Wortes.

„Sie wissen, Don Cecco," begann er, „daß
ich Soldat bin. Ich hab' sieben Feldzüge mitgemacht, in Deutschland, in Spanien und in
der Lombardei. Und wenn ich Stöße austeile,
so will ich auch Stöße abzuwehren haben oder
die Sache macht mir keinen Spaß. Und ich
mein', der dort wird sich nicht gar sehr zur
Wehr setzen."

„Damit hat es seine Richtigkeit, Sir Thomas",
sagte der Abbate.

„Darum mein' ich, das ist keine Sache für

mich), sondern weit eher eine Sache für Sie,
Don Cecco."

„Sehr wohl, Sir Thomas. Aber ich rechne
auf Sie, daß Sie mir die Frau vom Leib halten.
Denn ich bin von friedfertiger Gemütsart und
sie hat, wie ich sehe, ein großes Küchenbeil in
der Hand."

„Vorwärts!" sagte der Engländer und
rührte sich nicht vom Fleck.

„Los also!", kommandierte der Abbate.

In diesem Augenblick hob der stumme
Kapitän die Hand.

Er strich sich über die rechte Wange, wies
mit einem Finger auf seinen Hals, blies die
Backen auf, ballte die Hand zur Faust und
mit der anderen faßte er sein Kinn. Dann
wandte er sich zum Gehen.

Der Engländer stieß seinen Degen in die
Scheide, nahm den Federhut vom Tisch, spie
aus und sagte:

„Wir gehen. Der Kapitän hat es befohlen.
Er sagt, wir schlagen uns mit Männern, aber
mit Weibern und mit Kindern schlagen wir
uns nicht, sagt er, und das war von allem
Anfang an auch meine Meinung. Und ich soll dir
die vierzig Scudi wieder geben, da sind sie,

96

zähl' sie nach, es sind aber nur noch zweiund-
dreißig, denn wir haben dem Onkel Pasquale
unsere Schulden bezahlt und Stockfisch und
saure Rüben haben wir uns auch auftragen
lassen. Gott befohlen, Schuster."

Und er warf das Geld auf den Tisch und ging.

„Gott segne dich!" rief die Frau, noch
immer halbtot vor Angst und doch glückselig,
dem Stummen nach, aber der war schon
draußen und hörte sie nicht mehr. „Ich habe
dich immer für einen Schurken gehalten, aber
weiß Gott, du bist ein Edelmann. Der Himmel
möge es dir lohnen. Ich weiß nur nicht, warum
du dieses schändliche Diebshandwerk treibst, es
wird dich noch an den Galgen bringen, fürcht'
ich. Gib es doch auf! Tausendmal dank' ich dir
und mein Leben lang will ich es dir nicht vergessen. — Und du? Was willst du noch hier,
warum gehst du nicht auch?"

Der kleine Abbate stand noch immer in der
Stube und lächelte und rieb sich die Hände.

Er wartete, bis die Schritte der beiden anderen nicht mehr zu hören waren. Dann nickte
er dem Schuster vertraulich zu und sagte:

„Es sind gute Jungen, die Beiden, nur
leider, wie du selbst gesehen hast, nicht eben
sehr bei Verstand. Man hat viel Ärger mit
ihnen. Für mich, siehst du, ist das nur eine

Kleinigkeit und wenn du mir die vierzig Scudi
geben willst —"

„Schick' ihn fort, Lippo!" schrie die Frau
starr vor Entsetzen.

„Es ist nur das eine," fuhr der Abbate
fort, „sie ist einen Kopf größer als ich und das
Beil hat sie auch noch —"

98

„Hör' nicht auf ihn!" rief die Frau. „Um alles in der Welt, hör nicht auf ihn und heiß' ihn gehen!"

Der Schuster drehte sich um. Er sah die Waffe in der Hand der Frau und runzelte die Stirne.

„Gib das Beil fort", befahl er.

Sie sah ihn mit einem jammervollen Blick an und rührte sich nicht. Das Kind war erwacht und griff mit beiden Händen in die Luft und begann zu schreien. Es wollte trinken.

„Gib das Beil fort", sagte der Schuster drohender und lauter und ging auf sie zu.

Da sah die Frau, daß alles verloren war, die Verzweiflung kam über sie, es gab keine Hilfe mehr. Und sie ließ das Beil zu Boden fallen.

„Er soll gehen", stammelte sie. „Wenn es denn sein muß, so will ich es selbst tun, ich verspreche es dir. Nur um das eine bitte ich dich: Schick' ihn fort, ich will ihn nicht sehen."

Der Schuster blickte sie an, er war im Zweifel, ob er ihr glauben durfte oder nicht. Und sie fuhr fort:

„Ich bin dir immer eine gute Frau gewesen.

Sei nicht zornig über mich, es ist ja mein
Kind. Du weißt es selbst, ich hab dir immer in
allem und jedem deinen Willen getan. Und
wenn es sein muß — diese eine Nacht noch
laß mir das Kind und in aller früh', du wirst
noch schlafen — Aber der dort soll hinaus,
schick' ihn fort!"

Das Kind schrie noch immer. Langsam wandte
sich der Schuster dem Abbate zu.

„Geh!" sagte er. „Nimm das Geld und
mach' dich davon, ich brauch' dich nicht
mehr."

Und dann kam er zu seiner Frau zurück
und legte seine große, braune Hand, so leicht
als er konnte, auf ihren Scheitel.

„Sei getrost und weine nicht länger", sagte
er. „Glaub' mir, diese Tat, die wird in den
Büchern Gottes obenan geschrieben stehen."

Die Nacht über blieb der Schuster allein in
der Werkstatt. Eine Stunde lang hörte er die
Frau in der Kammer umhergehen, wehklagen,
weinen und zu dem Kinde sprechen. Dann wurde
es drinnen still. Und der Schuster meinte, nun
wäre es getan, er schlich zur Tür und horchte.

100

Aber er hörte ruhige und gleichmäßige Atemzüge. Die Frau schlief. —

Spät am Morgen erst erwachte sie, stand
auf und kam in die Werkstatt. Und das erste
was sie tat, war, daß sie den Besen aus
seinem Winkel holte und, wie alle Tage, den
Boden zu fegen begann, und dabei war ihr
Gesicht ruhig und gelassen, nicht die leiseste
Erregung war ihr anzumerken, beinahe heiter
war ihr Gesicht, so als käme sie geradewegs
vom Beichtstuhl.

Der Schuster sah ihr eine Weile zu und
wußte nicht, was er sich davon denken
sollte, daß sie an einem solchen Tage so
ruhig ihre Arbeit verrichtete, und endlich
fragte er:

„Ist es geschehen?"

Die Frau hielt inne, sah ihn an, lächelte
und schüttelte den Kopf.

„Sprich leise", sagte sie. „Er schläft noch."

„Er schläft noch!" rief der Schuster. „Und
was hast du mir gestern versprochen?"

„Lippo!" sagte die Frau ganz ruhig und
lehnte den Besen an die Wand. „Dein heiliger
Johannes hat nicht die Wahrheit gesprochen.
Du mußt ihm nicht alles glauben. Was er sagt

101

ist nicht das Evangelium. Nein. Dieses Kind ist nicht der Antichrist."

„Nicht der Antichrist!" schrie der Schuster zornig. „Du willst es wieder besser wissen! Bist du etwa nicht aus dem Kloster gelaufen?"

„Ja. Ich bin aus dem Kloster davon", sagte die Frau immer mit der gleichen Ruhe. „Weil mir die Arbeit zu viel war, bin ich davon. Alle Tage — nun, du weißt es ja. Und es ist mein Kind, gewiß. — Aber sein Vater ist kein Mörder, nein, sein Vater ist ein hochgelehrter Mann, der im ganzen Königreich das Wort Gottes gepredigt hat und überall ist er auf das höchste geehrt worden."

Der Schuster starrte sie mit offenem Munde an. Und sie fuhr fort:

„Ich hätte es dir niemals gesagt, aber du willst es so, nun, so magst du's hören. Du bist nicht der Vater. Und das hat auch dein Johannes nicht gewußt, denn die Heiligen dort oben, die können auch nicht von jedem Kind im Kopf haben, wer sein Vater ist."

„Ich bin nicht der Vater!" stotterte der Schuster und die Qual der letzten Tage fiel von ihm ab und ein Gefühl des Befreitseins kam über ihn, eine tiefe Glückseligkeit, weil

102

dieses Kind ein Kind war wie jedes andere und er ihm nichts zu Leide tun mußte.

„Ich bin nicht der Vater!" murmelte er und dann blickte er sich in der Werkstatt um und sagte:

„Da liegt das Leder. Seit drei Tagen hab' ich es nicht angerührt. Jetzt weiß ich nicht, womit zuerst beginnen. Und in einer Stunde wird der Weinhändler von drüben da sein und seine Schuhe verlangen. In eine schöne Verlegenheit bin ich da geraten."

Er öffnete vorsichtig und leise die Kammertür und betrachtete eine Minute lang das schlafende Kind.

„Gleich wird es wach sein", flüsterte er und schloß die Tür. „Es bewegt schon die Hände. Eine Luft ist da in der Kammer —! Gib ihm nur gleich zu trinken und laß es nicht erst lange schreien!"

Plötzlich kam ihm zum Bewußtsein, daß, wenn er nicht der Vater war, daß ihn dann seine Frau mit einem anderen Manne betrogen haben mußte und er geriet in Zorn.

„Also ich bin ein Hahnrei", sagte er.

Die Frau gab keine Antwort.

„Ein Hahnrei bin ich also", fuhr er mit

steigendem Ingrimm fort. „Und wer, zum Teufel, ist der Vater und, überhaupt, wie ist es geschehen?"

„Der Pfarrer von Montelepre ist der Vater, das hab' ich dir ja schon gesagt", berichtete die Frau. „Und wie es geschehen ist? Ich habe gesündigt. Damals, in der Nacht vor unserer Hochzeit, als es in Motelepre so stark regnete, da hatte ich meine Kleider zum Trocknen über das Herdfeuer gehängt und der Herr Pfarrer kam in die Küche — ich weiß selbst nicht, wie es geschehen ist."

„Dieser Windbeutel von einem Pfaffen!" schrie der Schuster. „In der Beichte, da malt er einem alle Teufel in der Hölle aus und er selbst, wenn er nur einen Weiberrock sieht, da vergißt er Gott und die Dreifaltigkeit und die Erzväter und das Paradies und den Teufel und alles! Dem will ich's aber zeigen. Seine Ohren werden noch das größte Stück sein, das von ihm übrig bleibt. Ich will es ihm schon heimzahlen."

„Lippo!" rief die Frau erschrocken. „Laß' es doch, es ist ja schon so lange her, was willst du denn von dem hochwürdigen Herrn, er denkt gar nicht mehr daran."

104

„Dieser freche Wanſt von einem Pfaffen! Denkt nicht mehr daran! Na, ich will ihn ſchon erinnern!"

„Vergiß nicht, Lippo, daß er in ſeiner Perſon die heilige Kirche iſt."

„Dann will ich der heiligen Kirche den Buckel dermaßen zerbläuen, daß kein Chriſt ſie wieder erkennen ſoll", drohte der Schuſter. „Und du, du glaub' nur nicht, daß du nicht auch noch deinen Teil bekommſt."

Und er holte ſich einen dicken, runden Stock von Eichenholz, den er für die Maultiere, wenn ſie ſich ſtörriſch zeigten, im Stall ſtehen hatte.

„Ich gehe", ſagte er dann. „Dieſer Schmutz- fink von einem Pfaffen! Dieſes vermaledeite Vieh! Wenn der Weinhändler kommt, der Tagliacozzo, dann ſag' ihm, ſeine Schuhe ſind noch nicht fertig, ſie geben viel Arbeit. Ich hab' ſie noch gar nicht einmal angefangen, das mußt du ihm aber nicht ſagen. Er ſoll nur warten, er iſt mir ohnehin noch Geld ſchuldig. Und du geh' und gib dem Kind zu trinken, hörſt du? Es iſt ſchon wach."

Dann machte er ſich auf den Weg nach Montelepre.

Er hatte es sich immer als einen stattlichen
Ort vorgestellt mit Ringmauern und Gilden-
häusern, mit einem ansehnlichen Marktplatz und
einem Gasthof, mit schönen Alleen und steinernen
Glockentürmen, als er aber, nachdem er fünf
Stunden lang gewandert war, auf dem Gipfel
des Berges ankam, sah er nur wenige arm-
selige Hütten, in denen Ziegenhirten wohnten,
das war Montelepre und das Pfarrhaus sah
auch nicht viel besser aus.

Der Pfarrer war nicht daheim. Da er die
Predigt für den Sonntag schon fertig im Kopfe
hatte, war er in ein Nachbardorf zu einem
Müller gegangen, um mit ihm abzurechnen,
denn er lieferte ihm Korn und Heu. Der
Schuster wartete, und während er auf der
hölzernen Bank vor dem Pfarrhause saß, fiel
sein Blick auf etliche Kinder, die im Sande
spielten, und er bemerkte, daß sie alle lichtes Haar
und lichte Augenbrauen hatten, sie sahen genau
so aus, wie das Kind seiner Frau, das er
daheim hatte, nur daß sie älter waren. Und
der Schuster wunderte sich nicht darüber, es
zeigte sich eben, daß es der Pfarrer auch mit
anderen Frauen und Mädchen seiner Gemeinde

106

hielt, und je länger der Schuster darüber nachsann, desto größer wurde sein Zorn über diesen
unwürdigen Priester und er schlug mit seinem
Stock nach den Köpfen der Gänsedisteln und
murmelte:

„Dieser Ziegenbock von einem Pfaffen!
Dieser Lumpenkerl!"

Endlich kam der Pfarrer nach Hause, er-
schöpft und ganz außer Atem, weil er eilig

den Berg hinaufgegangen war. Er trug einen
abgehäuteten Hasen in der Hand und in der
anderen Hand sein Schnupftuch. Und sein
rundes, stark gerötetes Gesicht war ganz naß

vom Schweiß. Er wußte schon, daß vor seinem
Haus einer saß und wartete, denn ein kleiner
Knabe war ihm entgegengelaufen und hatte
es ihm berichtet. Er meinte aber, der Fremde
sei wegen eines Leichenbegängnisses gekommen
oder wegen einer Taufe oder vielleicht um
Ziegenkäse zu kaufen. Und er kam gar nicht
dazu, seinen Chorrock auszuziehen, denn schon
stand der Schuster vor ihm, hielt ihm den
Stock unter die Nase und fuhr ihn an:

„Pfaffe! Du bist mir ein rechter Spiegel der
Heiligkeit! Sag' einmal, was hast du mit
deiner Magd getan?"

„Ich habe sie heute morgens auf meinen
Krautacker geschickt", sagte der Pfarrer er-
schrocken. „Ist sie denn noch nicht zurück? —
Isabetta! Isabetta! — da ist sie ja ohnehin."

Und er gab der alten Magd, die mit der
Wäscheleine in der Hand aus dem Hause gelaufen kam, den Hasen und sagte:

„Da hast du, richt' mir ihn mit einer Brühe
von Essig, Lorbeer, Ruttelkraut und Muskatblüten an, so ist er mir am liebsten. Der
Müller unten hat ihn mir geschenkt, alle Tage
gibt es nicht so etwas Gutes. Er hat ihn heute
nachts in der Schlinge gefangen."

„Ich habe keine Muskatblüten", meinte die Magd und besah den Hasen. „Und Nelken und Pfefferkörner brauch' ich auch zur Brühe."

„So lauf' hinunter zum Kaufmann nach Capranica. Wenn ich daran gedacht hätte, ich hätte dir alles mitbringen können. Und du? Was willst du von meiner Magd?"

„Die mein' ich gar nicht", sagte der Schuster. „Ich mein' die andere Magd, die du früher hattest. Ein schönes Beispiel eines gottgefälligen Wandels gibst du deinen Pfarrkindern!"

„Die, die ich früher hatte? Es ist wahr, die habe ich fortgesagt, ich war ihrer überdrüssig. Nicht genug daran, daß sie mir die Milch aus dem Topf wegtrank und die frischgelegten Eier stahl, auch das bißchen Kupfergeld, das mir die Bauern bringen, ein Kerzenendchen dafür zu kaufen, nahm sie mir alle Tage aus der Tasche. Und dumm und boshaft war sie. Und faul. Sie treibt sich noch immer hier in der Gegend herum, erst gestern bin ich ihr begegnet."

„Wieviel Mägde hattest du denn eigentlich?" rief der Schuster. „Man wird ja ganz wirr im Kopf. Nein. Die mein' ich auch nicht, sondern die mein' ich, zu der du eines Tages in die

109

Küche kamst, als sie im bloßen Hemd beim Herdfeuer saß. Eine schöne Ehrbarkeit, das muß ich sagen. Es war im letzten Frühjahr, denk' nur nach, du wirst dich schon erinnern."

„Jsabetta!" rief der Pfarrer und die Magd, die sich schon auf den Weg gemacht hatte, kam zurückgelaufen. „Paß' auf!" sagte er. „Über die albernen Reden dieses Menschen hätte ich nämlich beinahe das Wichtigste vergessen. Also, wenn du zum Kaufmann gehst, so bring' mir auch ein halbes Pfund Weihrauch mit, ich hab' kein Körnchen mehr im Haus und morgen ist Sonntag. Und laß' alles aufschreiben, auch die Nelken und den Pfeffer!"

Dann wandte er sich wieder dem Schuster zu.

„Was denn!" meinte er ungeduldig. „Ich weiß nicht, was du von mir willst. Im vorigen Frühjahr, da war ich noch gar nicht hier. Damals war ich noch Pfarrer in Fontanila, wenn du diesen Ort kennst, er liegt zwei Tagreisen weit von hier."

„So, du bist also noch nicht volle neun Monate hier", brummte der Schuster. „Das hat mir meine Frau gar nicht gesagt, daß jetzt ein anderer Pfarrer da ist. Und wo ist denn der frühere? Den such' ich nämlich, mit dem

110

hab' ich ein Wort zu reden, wegen seiner Magd."

"Diesen ehrwürdigen Greis hab' ich gut gekannt", berichtete der Pfarrer. "Er ist tot, Gott hab' ihn selig. Sechsundsiebzig Jahre war er alt, da schied er aus dem Leben. Zweiundvierzig Jahre hindurch hat er das Seelsorgeamt in dieser Pfarre versehen und damit allein schon hat er sich den Himmel verdient. Denn sie ist so armselig und mager, daß sie kein anderer haben wollte. Auf diesem steinigen Boden will nichts gedeihen."

"Wie!" rief der Schuster. "Bin ich denn nicht in Montelepre oder wo bin ich eigentlich? Dieser Erzschlingel von einem Pfaffen! Sechsundsiebzig Jahre alt und dabei noch immer hinter seiner Magd her wie ein Bock?"

"Schweig'!" schrie der Pfarrer entsetzt. "Was redest du da, ist der Teufel in dich gefahren? Du Tölpel, du! Du grober Klotz! Sprich mit Achtung von diesem wahrhaft ehrwürdigen Priester oder geh' deines Weg's. Er war in den letzten Jahren fast völlig erblindet und so schwach, daß er kaum das Meßbuch halten konnte."

"Aber es ist unmöglich, daß er schon

111

so alt war", stammelte der Schuster einge-
schüchtert.

„Ich weiß nicht, warum du mit mir streiten
willst", sagte der Priester noch immer voll Zorn.
„Ich werde doch wissen, wie alt er war. Und
wenn du mir nicht glaubst, ich kann es dir in
den Registern zeigen."

Der Schuster starrte ihn mit entsetzter Miene
an. Jetzt begriff er endlich, daß seine Frau sich
die ganze Sache mit dem Pfarrer ausgedacht
hatte, um ihr Kind in Sicherheit bringen zu
können.

Eine Weile noch stand er wie vor den Kopf
geschlagen und dann drehte er sich, ohne ein
Wort zu sagen, um und lief den Weg hinunter,
den er gekommen war, und der Pfarrer sah
ihm kopfschüttelnd nach. —

Spät am Abend kam der Schuster in die
Stadt zurück. Er war müde und hungrig, denn
elf Stunden hindurch war er auf den Beinen
gewesen, ohne auch nur einen Bissen Brot zu
sich zu nehmen.

Die Gasse der Vetturini hatte an diesem
Abend ein sonderbar verändertes Aussehen.
Sonst standen die Leute vor den Haustoren
und schwatzten miteinander bis tief in die Nacht.

112

Heute aber waren die Türen und Fenster aller
Häuser geschlossen, kein einziger von den Be-
wohnern der Gasse war zu sehen. Nur im Hause
des Gewürzkrämers öffnete sich, als der Schuster
vorüberlief, ein Fenster und der Schatten einer
Hand winkte ihm hastig und verstohlen zu, er
möge sich vorsehen.

Der Schuster achtete nicht auf dieses Zeichen.
Schon von weitem sah er, daß die Türe zu
seinem Hause offen stand und das setzte ihn in
Erstaunen. Er trat in die Werkstatt und machte
Licht. Plötzlich hörte er ein Geräusch. Als er

sich umwandte, sah er sich drei Häschern in der
königlichen Uniform gegenüber, die ihn erwartet
hatten.

Sie warfen sich auf ihn. Es gab ein kurzes
Getümmel mit Faustschlägen und Rippenstößen
und dann führten sie ihn fort.

Von der Stunde an, in der sich die Tür
des Kerkers hinter ihm geschlossen hatte, be-
reitete der Schuster seine Flucht vor. Schon
am zweiten Tag seiner Gefangenschaft gelang
es ihm, sich eine kleine Feile zu verschaffen, die
verwahrte er in einem Leinwandsäckchen und
trug sie immer bei sich. Tag und Nacht schmiedete
er Pläne. Aber nicht, um sich an seiner Frau
zu rächen, wollte er hinaus, obgleich er wußte,
daß sie es war, die ihn der Behörde angegeben
hatte. Sondern nur um der einen Sache willen,
die Gott ihm anvertraut hatte und die noch
immer nicht getan war, aber ein zweitesmal
wollte er sich durch die Ränke seiner Frau nicht
mehr täuschen lassen.

Im Verein mit einem Taschendieb, in dessen
Zelle man ihn gesteckt hatte, machte er sich
daran, ein Loch in die Mauer seines Kerkers

114

zu brechen. Es war eine mühselige Arbeit und
sie schritt nur langsam vorwärts. Die beiden
gingen mit solcher Vorsicht zu Werke, daß der
Wärter nichts merkte, obgleich er zweimal täglich in ihre Zelle kam. Den Schutt verbargen
sie in ihren Strohsäcken. Als sie aber mit ihrer
Arbeit beinahe fertig waren, hörte der Soldat,
der im Hof auf Posten stand, ein Geräusch,
das ihm verdächtig schien. Er schlug Lärm und
die Sache kam an den Tag.

Der Schuster wurde in eine andere Zelle
gebracht und noch schärfer als bisher bewacht,
denn man wußte nun, daß man sich vor ihm
in Acht zu nehmen hatte. Aber schon eine Woche
später unternahm er einen neuen Versuch, zu
fliehen, indem er in der Nacht die Eisenstäbe
seiner Fensterluke durchfeilte und sich auf die
Mauer des Gefängnishofes hinabgleiten ließ.
Sie war mehr als dreißig Fuß hoch. Er sprang
hinunter und zerschlug sich das Bein. Als die
Aufseher bei Tagesanbruch die Gegend nach ihn
durchstreiften, fanden sie ihn im Gebüsch versteckt.

Während er an seiner Verletzung darnieder-
lag, verfaßte er ein Schreiben, in welchem er
in beinahe strengem Ton seine Freiheit zurück-
forderte. Es sei, schrieb er, sowohl im Interesse

der katholischen Kirche, wie auch in dem der
öffentlichen Ordnung gelegen, daß er nicht
länger gefangen gehalten werde. Dieser Brief
war an den König gerichtet, fiel aber dem
Gerichtsprokurator in die Hände, der sich den
Gefangenen vorführen ließ. Im Verhör gab der
Schuster zu, eines Mordes wegen auf den
Galeeren gewesen und von dort entsprungen
zu sein. Mehr sagte er nicht und allen Fragen
gegenüber, die sich auf seinen Brief bezogen,
blieb er stumm.

Als er völlig wiederhergestellt war, sollte
er in die Gewölbe von St. Catherina überführt
werden, in ein Gefängnis, das im Innern des
Landes gelegen und zur Aufnahme nur weniger,
aber der allerschlimmsten Verbrecher bestimmt
war. Während des Transportes stellte er sich
krank. Er hatte Tabaksaft geschluckt, um Fieber
zu bekommen. Auf diese Art täuschte er die
Aufmerksamkeit seiner Wächter und es gelang
ihm endlich, zu entkommen.

Seit seiner Verhaftung war ein halbes Jahr
verflossen. Er kehrte nach Palermo zurück und
hier erfuhr er, daß seine Frau mit dem Kinde
und den Maultieren die Stadt verlassen hatte.
Sie lebte jetzt in dem Städtchen Corleone. In

116

den Weingärten, die zu dem Grundbesitz der fürstlichen Familie Alimberti gehörten, hatte sie Arbeit gefunden und so ernährte sie sich und das Kind.

Am St. Pantaleonstag, um die Mittags- stunde, kam der Schuster in Corleone an. Es war die Zeit der größten Sommerhitze und die Gassen waren beinahe leer. Ein kleiner Knabe, dem er den Namen seiner Frau nannte, führte ihn zu dem Häuschen, das sie bewohnte.

Sie war nicht daheim. Der Schuster um- schlich die Mauern und horchte und spähte um- her. Als er die Gewißheit hatte, daß niemand in der Nähe war, trat er an das Fenster. Und das erste, was er sah, war ein Bett mit roten Kissen, auf denen lag der Antichrist und schlief.

Der Augenblick erschien dem Schuster günstig. Er überlegte nicht lang und versuchte, durch das Fenster in die Stube zu gelangen, aber die Öffnung erwies sich als zu schmal. So machte er sich daran, sie zu vergrößern, und mit viel Geduld entfernte er den Mörtel und hob die Steine, einen nach dem andern, heraus.

Bei dieser Arbeit überraschte ihn der Barbier des Städtchens, der gerade vorüberkam. Er wunderte sich, blieb stehen und sah dem Schuster

117

eine Weile hindurch zu. Dann trat er an ihn
heran und legte ihm die Hand auf die Schulter,
mehr aus Neugierde als aus irgend einem
anderen Grunde.

Der Schuster fuhr herum und sein Gesicht
verzerrte sich zu einer Grimasse der Wut. Er
sah, daß da schon wieder einer war, der ihn
hindern wollte, der Kirche und dem heiligen
Glauben zu Hilfe zu kommen. Und um ihn zu
verscheuchen, versetzte er ihm zwei heftige
Schläge vor die Brust und meinte, nun Ruhe
zu haben.

Auf das Geschrei des Barbiers hin liefen
aber andere Leute herbei und durch Zufall
kamen auch zwei Flurhüter des Wegs, mit
ihren Säbeln und Karabinern, und kaum hatte
der Schuster sie erblickt, da war er auch schon
überzeugt, das seien die Häscher, die ihm bis
hieher gefolgt waren, um ihn zu verhaften. Und
er zögerte nicht und verlor keine Zeit, sondern
ging mit Stößen und Schlägen auf den Größeren
von beiden los.

Der Flurhüter wußte nicht, wie ihm geschah.
Es regnete Hiebe. Und da er sah, daß er es
mit keinem Ortsansäßigen, sondern mit einem
Fremden zu tun hatte, trat er einen Schritt

zurück, senkte die Mündung seiner Waffe und schoß.

Die Kugel fuhr dem Schuster in die Brust. Er taumelte, fiel zu Boden, versuchte aufzustehen, fiel nochmals hin und sah den Himmel schwarz.

Der Barbier, der den letzten Krieg als Gehilfe eines Regimentschirurgen mitgemacht hatte, war, als der Schuß fiel, davongerannt, so rasch als ihn seine Beine trugen. Jetzt, als er sah, daß der gewalttätige Mensch auf der Erde lag, kam er zurück um die Wunde zu untersuchen.

Der Schuster erkannte seinen Feind. Er raffte sich auf und machte einen letzten Versuch zu entwischen. Aber er kam nicht weit.

„Bleib liegen und rühr dich nicht", sagte der Barbier. „Ich bin der Wundarzt, ich tu' dir nichts. Ich glaub', es steht schlecht mit dir."

Das fühlte der Schuster auch. Sein Mund war voll Blut und er fand keinen Atem. Er mußte sterben, das sah er, und der Antichrist blieb am Leben und triumphierte in dieser Welt. Und eine tiefe Bitterkeit stieg in ihm auf, weil die Menschen in ihrer Blindheit und ihrem Unverstand es ihm verwehrt hatten, den Widersacher Gottes zu überwinden. Er sah Unheil über die Welt kommen. Und all seinen Zorn und seine Enttäuschung preßte er in wenige Worte zusammen, denn das Sprechen machte ihm große Mühe.

„Du und die Beiden dort," sagte er zu dem Barbier und wies auf die Flurhüter, „und der Prokurator und die Obrigkeit und der König — ihr seid alle zusammen eine Eselsbande" ...

Dann streckte er sich, spie Blut und starb ...

Als die Frau eine Stunde später von den

Weingärten nach Hause kam, lag der Schuster noch immer vor ihrer Tür. Anfangs meinte sie, es sei ein Landstreicher, den der Hitzschlag getroffen hatte. Denn sein Gesicht war mager und eingefallen, auch hatte man ihm im Gefängnis den Bart geschoren. Und sie schalt die Leute, daß sie ihn so elend in der Sonnenglut liegen ließen und lief ins Haus, um Wasser zu holen.

Erst als sie die gebräunten und zerfurchten Hände sah und die beiden Zahnlücken und die Warze über dem Kinn und den silbernen Ring in seinem rechten Ohrläppchen, da erkannte sie ihren Mann und warf sich laut schreiend über ihn.

Dreizehn Jahre später, an einem Julitage des Jahres 1756, kam der gelehrte Abbate Don Livio di Credi, der im Dienste des Kardinals Rezzonico stand, nach Corleone. Er war auf einer Reise nach dem Franziskanerkloster St. Elia begriffen, in dessen Oratorium eine griechische Handschrift aufgefunden worden war. In Corleone traf er in einem bejammernswerten Zustand der Angst und des Entsetzens ein, denn er hatte kurz vorher ein böses Abenteuer erlebt.

121

Sein Weg hatte ihn an den Trümmern
eines antiken Bauwerkes vorbeigeführt, die im
Munde des Volkes »gli grottoni« hießen. Sie
lagen in einem Gestrüpp von Korkholz, Goldlack,
Kreuzdorn und wilden Ölbüschen, abseits der
Straße. Der Abbate hatte seinen Wagen halten
lassen und war ausgestiegen, um die großen
Granitquadern und die Reste der Marmorbe-
kleidung zu betrachten. Da hatten sich ihm
mit drohenden Mienen zwei Landstreicher
genähert, die sich allem Anscheine nach zu-
sammengetan hatten, um die Reisenden auszu-
plündern.

Halbtot vor Schreck hatte er seinen Wagen
erreicht. Und nun, da er in Corleone und damit
in Sicherheit war, lastete die Erinnerung an
dieses Erlebnis noch immer auf ihm. Und da
außerdem sein Wagen durch die eilige Fahrt
einigen Schaden genommen hatte, so beschloß
er, an diesem Tage nicht weiter zu reisen,
sondern sich, seinem Kutscher und den Pferden
Ruhe zu gönnen. Er stieg in dem Gasthof „Zur
Freundschaft" ab, den man ihm als den besten
des Ortes bezeichnet hatte.

Der Wirt begab sich gleich nach der Ankunft
des Abbate in die Küche, um selbst die An-

122

ordnungen für das Mittagmahl zu treffen, denn einen so achtbaren Gast hatte er nur selten. Inzwischen blieb der Abbate allein in der Wirts-stube. Er saß am Fenster und trank hie und da einen Schluck Wein aus seinem Glase. Und während er das lebhafte Treiben auf dem Marktplatze des Städtchens betrachtete, kehrte das Gefühl der Sicherheit und des Geborgen-seins langsam wieder in ihn zurück. Ja, er bekam sogar Lust, sich die Stätte seines Aben-teuers nochmals anzusehen, denn er glaubte, in einem der Bruchstücke die Reste eines Mar-morbildes der Kybele erkannt zu haben.

Der Wirt trat wieder ein, und mit ihm kam ein etwa dreizehnjähriger, sehr schöner Knabe in die Stube, der den Tisch zu decken begann. Und der Abbate betrachtete ihn mit Wohlgefallen. Dann eröffnete er dem Wirt seine Absicht, noch-mals zu den „grottoni" hinauszufahren und bat ihn, ihm für den nächsten Tag zwei kräftige und gut bewaffnete Leute als Begleitung zu besorgen.

„Mein Knecht fährt morgen in aller Frühe in die Stadt, um die leeren Weinfässer abzu-holen", entschuldigte sich der Wirt. „Aber zu den „grottoni" kann Sie auch der Knabe da führen, er kennt den Weg genau."

„Sprechen Sie im Ernst!" rief der Abbate. „Das Kind, das in der Ordnung und Sicherheit dieser friedlichen Stadt aufgewachsen ist und niemals einer Gefahr ins Auge geblickt hat, dieses Kind soll mich an solch einen berüchtigten Ort führen, an dem man nicht einmal seines Lebens sicher ist!"

„Es ist wahr!" sagte der Wirt. „In unserer Stadt herrscht Ordnung und Sicherheit und wer hier lebt, der wird kaum jemals einen Räuber zu Gesicht bekommen. Auch in der Umgebung zeigen sie sich nur selten. Wer die Beiden waren, die Sie belästigt haben, hochwürdiger Vater, das weiß ich wahrhaftig nicht, vielleicht war es ihnen nur um ein Almosen zu tun. Ich selbst werde Sie morgen zu den „grottoni" begleiten, wenn Ihnen meine Gesellschaft recht ist, und ich kann ja auch mein Jagdgewehr mitnehmen. Was aber" — er winkte dem Knaben, hinauszugehen — „was aber dieses Kind betrifft, so sind Sie im Irrtum, hochwürdiger Vater. Es hat von der Stunde seiner Geburt an mehr Gefahren durchgemacht und schlimmere, als vielleicht irgend ein anderer Mensch in seinem ganzen Leben. Und es ist ein wahres Wunder, daß er ihnen ent

gangen ist. Seine Geschichte ist es wohl wert,
angehört zu werden, und wenn es Sie nicht
ermüdet, möchte ich sie erzählen, zumal es bis
zum Essen noch eine gute Weile dauern wird."

Und er setzte sich an den Tisch des Abbate
und erzählte ihm die Geschichte des Schusters
aus der Vetturinergasse. —

„Das sonderbarste an der ganzen Sache ist,
daß sich die Liebe der Frau zu ihrem Kinde
nachher in völlige Gleichgültigkeit, ja beinahe
Haß verwandelt hat", sagte er, als er in seinem
Berichte beim Tode des Schusters angelangt
war. „Sie konnte es dem Knaben nicht ver=
zeihen, daß sie um seinetwillen ihren Mann
den Häschern angegeben hatte. In ihrem Kopfe
hatte sich der Gedanke festgesetzt, daß der
Schuster nicht in der Absicht, zu morden, nach
Corleone gekommen sei, sondern nur, um sie
und sein Kind noch ein einzigesmal zu sehen.
— Einige Zeit nachher verschwand sie aus der
Stadt und das Kind ließ sie uns zurück. Man hat
nie wieder etwas von ihr gehört. Leute, die
sie gekannt haben, sagen, daß sie als dienende
Schwester in ihr Kloster zurückgegangen sei und
wieder ‚Symphorosa vom ewigen Licht' hieße
wie einstzumal. Wenn das wahr ist, dann mag

sie wohl manchmal, wenn sie ihre Laudes
singt, an die Zeit zurückdenken, in der sie dem
Manne, den sie liebte, Hühnerbrühen und Käse-
nudeln kochte. — Der kleine Antichrist kam zu
einem Pfarrer aufs Land, und der lehrte ihn
Lesen, Schreiben und auch ein wenig Latein.
Später nahm ich ihn zu mir, um Gotteslohn,
denn die Gemeinde zahlt mir so gut wie nichts.
Und auch bei mir hat er nützliche Dinge gelernt,
allerlei, was man im Leben brauchen kann:
den Tisch abräumen, die Schüsseln spülen, den
Boden fegen und die Betten machen. Er hat
es gut bei mir, und es ist nicht wahr, daß ich
ihn bei den Pferden im Stalle schlafen lasse, die
Leute, die das verbreitet haben, sind Lügner.
— Da ist er ja, hochwürdiger Vater, sie können
ihn jetzt selbst fragen, ob es wahr ist, daß er
bei den Pferden schläft.''

Der Knabe war in die Stube getreten. In der
Hand hielt er einen Teller mit geriebenem Käse,
denn die Reissuppe war soeben fertig geworden.

Der Abbate winkte ihn zu sich heran und
fragte:

„Wie heißt du mein Sohn?''

„Josef, heiße ich, hochwürdiger Herr!'' sagte
das Kind.

126

„Josef. Und mit deines Vaters Namen?"

Der Knabe gab keine Antwort. Er wurde blutrot und geriet in solche Verwirrung, daß er beinahe den Teller mit dem Käse fallen gelassen hätte.

„Nach dem Namen seines Vaters dürfen sie ihn nicht fragen", raunte der Wirt dem Abbate zu. „Er schämt sich seiner Herkunft von einem Galeerensträfling. Sein Vater hieß Peter Philipp Balsamo und war aus Pisa."

Der Knabe warf einen scheuen Blick auf den Abbate, als hätte er verstanden, was dort geflüstert wurde. Und der Wirt fuhr fort:

„Er hat sich einen anderen Namen ausgedacht, einen sehr schönen, mit dem er seinen Weg in der Welt machen will. Er möchte Priester werden, lesen und schreiben kann er schon. Hier diesen Brief" — —

Er suchte in seinen Taschen, zog ein Schreiben hervor und reichte es dem Abbate.

„Hier diesen Brief hat er selbst geschrieben und auch verfaßt. Morgen wird ihn der Knecht mit in die Stadt nehmen. Lesen Sie ihn, hochwürdiger Vater!"

Der Abbate entfaltete das Schreiben, das an den Vorsteher des Priesterseminars vom heil. Rochus in Palermo gerichtet war, setzte seine Brille auf und begann zu lesen.

„Was steht in dem Briefe?" fragte der Wirt voll Neugierde.

„... Ich habe keine andere Glückseligkeit," las der Abbate, „als mich ganz dem Dienste der heiligen Kirche widmen zu dürfen. Dies ist mein einziger Wunsch. Mit allen Empfindungen eines ergebenen Gemütes werfe ich mich Ihnen zu Füßen, mein Vater. Befehlen Sie über meine Bestimmung! ... Ihr erfurchtsvoller und unwürdiger Sohn Josef Cagliostro."

Der Abbate gab dem Wirt das Schreiben zurück, stand auf und legte seine Hände auf den Scheitel des jungen Cagliostro.

„Mein Sohn," sagte er, „ich höre du willst Priester werden. Da hast du wahrlich den rechten Weg erwählt. Du wendest dich ab von dem Treiben einer Welt, die schlecht ist und voll Betrug und Arglist und voll Mord und Gottesraub. Welch' eine Nacht der Unwissenheit, in der wir leben! Du hast in deiner zarten Jugend viel Schlimmes erleben müssen, mein Kind. Aber sei getrost! Ich sehe dein Leben von nun an still und friedlich verlaufen, und du wirst das wahre Glück finden, indem

128

du deine Gemeinde auf den Weg des Guten
führst, ein Pastor animae, ein Hirt der Seelen,
auf daß sie erkenne die Wohltaten Gottes, der
da thronet und regiert in Ewigkeit, Amen."

„Amen!" sagte auch der Wirt und nahm
eilig sein Käppchen ab. „Das sind Worte, die
einem das Herz erfreuen. Hochwürdiger Vater,
die Suppe steht auf dem Tisch."

Von Leo Perutz ist erschienen:

Im Verlag Albert Langen, München:

Die dritte Kugel
Roman (5. Auflage)

Zwischen neun und neun
Roman (10. Auflage)

Der Marques de Bolibar
Roman (10. Auflage)

Im Musarionverlag, München:

Das Gasthaus zur Kartätsche
Novelle

Rikola-Verlag
Wien — Berlin — Leipzig — München

Emil Lucka

Fredegund
Ein Roman aus alter Zeit

Dieser von packendster Handlung, von ursprünglichster Triebhaftigkeit erfüllte Roman zeigt den Autor der „Drei Stufen der Erotik" von einer völlig überraschenden Seite. In den finsteren Oden des Waldes von Pectavon schreibt Eberulf, der sündige, büßende Kämmerer der Königin Fredegund, die Geschichte seines Lebens, die mit dem blutigsten Kapitel der Geschichte des Frankenreiches verknüpft ist.

Felix Braun

Die Taten des Herakles
Roman

Mit gewaltiger Plastik gibt uns der Dichter ein Bild aus dem verfallenden alten Athen zur Zeit des ersten Christentums. Voll Farbe und Leben ist jedes Wort, jede Geste der Gestalten dieses fesselnden Romanes, der mit starker Handlung und leuchtendem Kolorit jenen hohen dichterischen Schwung vereinigt, dem Felix Braun seinen Namen verdankt. Eine unendlich verfeinerte und vertiefte Behandlung des berühmten „Quo vadis"-Themas.

Paul Busson
Die Wiedergeburt des
Melchior Dronte
Roman

Mit diesem Werk, in dem alle Schauer des Jenseits den Leser unwiderstehlich in ihren Bann ziehen, scheint Paul Busson den Gipfel seines bisherigen Schaffens erreicht zu haben. Der Gedanke der Seelenwanderung wird hier in packendster, von unheimlicher Gestaltungskraft erfüllter Form zu einem hohen Kunstwerk gestaltet. Ein Wiedergeborener, ein „Ewli" entsinnt sich in qualvollem Erinnern seines früheren Daseins und seiner furchtbaren Erlebnisse. Eines der seltenen Bücher, die man in atemloser Erregung liest.

Robert Hohlbaum
Der wilde Christian
Roman

Das kurze, schicksalsvolle Leben des größten deutschen Lyrikers vor Goethe, Johann Christian Günther, wird hier im Roman gestaltet. Ein Buch zügelloser Abenteuer des Vielverkannten. Es klingt aus in die stille Sehnsucht eines am Leben Gescheiterten nach der wahren Heimat.

Johann Christian Günther
Gedichte

In einer von liebevoller Pietät besorgten Auswahl ersteht hier Günthers dichterisches Werk wieder vor den Augen der Nachwelt. Sein Leben zerrann, aber sein Dichten bleibt grün und unversehrt.

Otto Soyka
Die Traumpeitsche
Roman

Die phantastische Erfindung, das Leben der Menschen durch Beeinflussung ihrer Träume zu lenken, wird hier bis zu einer Neugestaltung der Welt gesteigert, Technik und Psychologie, durch eine Handlung von stärkster Spannung miteinander verknüpft, lassen den Roman als ein Kunstwerk jenes Gebietes erscheinen, auf dem die Kriminalgeschichte fußt und das Soyka in einer Reihe fesselnder Werke als erster künstlerisch wegbar gemacht hat.

Roda Roda
Die sieben Leidenschaften

Gerade im jetzigen Zeitpunkt wird uns Roda Roda in einem gewissen Sinne historisch beachtenswert erscheinen: als humorvoller Augenzeuge einer sonderbaren Verschmelzung slavischen Volkslebens mit deutschem Kulturferment. Alle Vorzüge seiner Erzählungskunst, vor allem seine außerordentliche Fähigkeit der schärfsten Pointierung, finden sich in diesem seinem neuesten Buch in verstärktem Maße.

Kurt Martens
Schonungslose Lebenschronik

Der Romandichter und Novellist Kurt Martens erzählt hier in einer unerhört offenen Weise mit überlegenem Humor die Geschichte seiner menschlichen und literarischen Entwicklung, die zugleich ein ungeschminktes Abbild des geistigen und gesellschaftlichen Deutschland um das Ende des 19. Jahrhunderts darstellt. Die „Lebenschronik" ist das Werk eines der feinsten Geister unserer Zeit.

Hugo Wolf
Briefe an Rosa Mayreder

Ein interessantes Bild der eigenartigen Persönlichkeit Wolfs, die ihren Zeitgenossen vielfach so rätselhaft und unverständlich war. Ein reicher Schatz echter Freundschaft offenbart sich in diesen Dokumenten einer hochgestimmten Seele, die zugleich bedeutsame Einblicke in die Werkstatt des Genius gewähren.

Wladimir Hartlieb
Der mächtige Ruf
Gedichte

Ein neuer Band des Dichters der „Stadt am Abend". Die klangvollen Strophen Hartliebs lassen einen völlig Eigenen erkennen, der in gedankentiefer Lyrik neuen und doch ewig alten Zielen zustrebt.

Briefe von Josef Kainz
Herausgegeben und eingeleitet von
Hermann Bahr

Wer Kainz je in seinem Leben auf der Bühne gesehen, seine schauspielerische Kraft erlebt hat, vergißt ihn niemals wieder. Wie in einem Brennspiegel erscheint uns die ungewöhnliche Persönlichkeit des großen Schauspielers in diesen Briefen. Eine Fülle des Neuen, Intimen über Josef Kainz, eine scharfe Beleuchtung seiner Freundschaft mit Ludwig II. von Bayern findet sich hier und wird allen Freunden des deutschen Theaters, den ungezählten Verehrern des großen Künstlers von höchstem Interesse sein.

Burghart Breitner
Sibirisches Tagebuch

Der Name Burghart Breitners, dieses hervorragenden Arztes, Dichters und Menschenfreundes, ist heute Hunderttausenden geläufig. Die ungeheure Zahl österreichischer und reichsdeutscher Kriegsgefangener nennt seinen Namen mit aufrichtiger Dankbarkeit. Breitners Buch, das ein Kulturdokument allerersten Ranges darstellt, wird von allen Jenen gelesen werden, denen Menschenliebe und Hilfsbereitschaft mehr ist als leerer Schall.

Novellenbücher des Ilf-Verlages

Ernst Kratzmann
Die sterbenden Könige

Die fünf Novellen des preisgekrönten Autors sind Zeugnisse einer überschäumenden Empfindung und in fortreißender Sprache geschrieben.

(Wiener Allgemeine Zeitung.)

Kory Towska
Dämon Frauenseele

... Romanheld im eigentlichen Sinne ist eine Stadt, deren Aufblühen und Niedergang gestaltungsstark dargetan wird. (Berl. Börsenzeitung.)

Oskar Rosenfeld
Tage und Nächte

Das ist anziehendste Kleinkunst, tiefste Einfühlungsfähigkeit. (Neues Wiener Journal.)

Versbücher

Alfred Grünewald
Karfunkel
Neue Balladen und Schwänke

Mit 10 Originalsteinzeichnungen von
Erich Schmale-Walter

Grünewald ist in der Gruppe derer, die aus innerem Drang heraus die Ballade pflegen, eine der markantesten Persönlichkeiten und rückt oft ganz nahe an die besten Balladendichter der Vergangenheit.

(Neues Wiener Tagblatt.)

CPSIA information can be obtained
at www.ICGtesting.com
Printed in the USA
BVHW041051221222
654830BV00002B/18

9 781161 232363